思政育人视域下应用型本科院校创新创业教育发展研究

兼论对跨境电商人才培养的思考

臧秀娟　赵 亮◎著

SIZHENG YUREN SHIYU XIA
YINGYONGXING BENKE YUANXIAO
CHUANGXIN CHUANGYE JIAOYU FAZHAN YANJIU

企业管理出版社
ENTERPRISE MANAGEMENT PUBLISHING HOUSE

图书在版编目（CIP）数据

思政育人视域下应用型本科院校创新创业教育发展研究/臧秀娟，赵亮著．—北京：企业管理出版社，2025.4．— ISBN 978-7-5164-3270-9

Ⅰ．G640

中国国家版本馆 CIP 数据核字第 2025T3K755 号

书　　名：	思政育人视域下应用型本科院校创新创业教育发展研究
书　　号：	ISBN 978-7-5164-3270-9
作　　者：	臧秀娟　赵　亮
责任编辑：	赵喜勤
出版发行：	企业管理出版社
经　　销：	新华书店
地　　址：	北京市海淀区紫竹院南路 17 号　邮编：100048
网　　址：	http://www.emph.cn
电子信箱：	zhaoxq13@163.com
电　　话：	编辑部(010)68456991　发行部(010)68414644
印　　刷：	北京亿友数字印刷有限公司
版　　次：	2025 年 5 月第 1 版
印　　次：	2025 年 5 月第 1 次印刷
开　　本：	710mm×1000mm　1/16
印　　张：	13
字　　数：	170 千字
定　　价：	68.00 元

版权所有　翻印必究·印装有误　负责调换

前 言

本书是江西省社会科学基金高校思想政治理论课研究专项课题（编号：SZ242006）、江西省教育科学"十四五"规划课题（编号：22YB244）、江西省教育科学"十四五"规划课题（高等教育管理改革研究专项）（编号：24GJZX014）、江西省高校党建研究项目（编号：24DJQN030）、江西省高等教育学会重点课题（编号：ZH-B-003）、南昌工程学院学位与研究生教育教学改革研究项目（编号：NGYJG-2023-004）、南昌工程学院本科教学改革研究课题（课程思政专项）（编号：2022SZJG10）、南昌工程学院思想政治教育研究会课题（2025SYH05）资助的阶段性研究成果。

在思政育人视域下对应用型本科院校创新创业教育（以下简称"双创"教育）发展进行研究，具有较深广的现实背景和时代背景。

第一，随着中国经济进入新常态，毕业生就业难等一系列问题接连出现，如何应对这些问题受到越来越多的关注。第二，高校始终是"双创"教育的重要主体和阵地。当前，高校"双创"教育正面临极好的历史机遇，"互联网＋"蓬勃发展和应用型本科院校的转型为"双创"教育提供了更好发展的网络环境和实践沃土。第三，思政育人、应用型本科院校转型、"双创"教育，以及"双师双能型"师资建设均是当前国家层面积极倡导和推进的重要举措。

本书主要基于思政育人视域对应用型本科院校"双创"教育发展进行一揽子多维研究，首先介绍了本书的选题背景、选题意义和研究价值，以及框架内容（第一章），然后从总体发展层面（第二章、第三章、第四章）、人才培养层面（第五章）、"双创"师资层面（第六章、第七章）、个案专业层面（第八章、第九章）、共青团工作层面（第十章）进行具体分析。

臧秀娟撰写了本书的大部分内容，撰写总字数达到 11 万字，赵亮（通讯作者）承担了其余 6 万字的撰写工作。感谢为本书写作及出版提供帮助的同事、朋友、编辑！笔者水平有限，难免有疏漏之处，敬请读者批评指正。

作者
2025 年 2 月

目 录

第一章 绪 论 / 1

一、选题背景 ·· 1

二、选题意义和研究价值 ····································· 2

三、框架内容 ·· 3

第二章 就业视域下应用型本科院校思政与"双创"教育耦合发展的基本问题、必要性及策略 / 9

一、新文科背景下应用型本科院校推进思政育人的重要性——以课程思政为例 ······················· 10

二、应用型本科院校思政和"双创"教育存在的问题 ·········· 13

三、就业视域下思政和"双创"教育耦合发展的必要性 ········ 14

四、推动思政与"双创"教育耦合发展的策略探索 ············· 15

第三章 "互联网＋"时代应用型本科院校"双创"教育绩效评价——以江西省为例 / 17

一、引言 ··· 17

二、文献综述 ·· 18

三、"互联网＋"时代"双创"教育绩效评价的指标体系 ······· 19

四、江西省应用型本科院校"双创"教育绩效测算 ············· 36

五、"互联网＋"时代"双创"教育优化提升策略 ·············· 38

— I —

第四章　应用型本科院校跨境电商"双创"教育的概况、评价及对策——以广东省为例　/ 43

一、引言 ··· 43

二、广东省应用型本科院校跨境电商"双创"教育发展概况 ······ 45

三、基于模糊层次分析法的发展评价 ······································ 48

四、应用型本科院校跨境电商"双创"教育的优化对策 ············ 57

第五章　应用型本科院校外贸类专业跨境电商"双创"人才培养条件　/ 59

一、引言 ··· 59

二、应用型本科院校跨境电商"双创"人才培养影响因素 ········ 61

三、应用型本科院校跨境电商"双创"人才培养条件分析 ········ 64

四、研究总结及优化培养条件的措施 ······································ 77

第六章　"互联网+"视域下高校"双创"师资培养成效的评价设计——以南昌工程学院为例　/ 81

一、引言 ··· 81

二、文献综述 ··· 82

三、"互联网+"视域下"双创"师资培养成效的评价指标体系 ·· 83

四、各指标间判断矩阵构建及权重计算 ··································· 86

五、结论与建议 ·· 94

第七章　"双创"背景下应用型本科院校"双师双能型"教师培养的提升路径　/ 97

一、引言 ··· 97

二、应用型本科院校"双师双能型"教师培养的必要性 ………… 98
　三、"双师双能型"教师培养绩效评价指标体系设计 ………… 100
　四、"双师双能型"教师培养绩效评价体系的权重计算
　　　与比较 ………………………………………………………… 104
　五、"双师双能型"教师培养路径设计 ………………………… 108

第八章　应用型本科院校财会类教师思政施教能力的
　　　　　评价体系构建与测评　/ 111

　一、引言与文献综述 ……………………………………………… 111
　二、构建教师思政施教能力的指标体系 ………………………… 115
　三、各级指标权重的计算与对比 ………………………………… 123
　四、对南昌工程学院财会类专业教师思政施教能力的
　　　个案识别 ……………………………………………………… 129
　五、研究总结与成效提升对策 …………………………………… 135

第九章　"互联网+"背景下应用型本科院校"双创"发展的
　　　　　影响因素——基于对 X 院校贸易类专业的调查研究　/ 139

　一、"互联网+"时代 X 院校贸易类专业"双创"发展概况 …… 139
　二、基于四维视域的 X 院校"双创"发展影响因素分析 ……… 141
　三、提升 X 院校贸易类专业"双创"发展的对策建议 ………… 143

第十章　新时代高校共青团工作的影响因素及路径
　　　　　——基于对 Y 高校的调研统计　/ 147

　一、引言 …………………………………………………………… 147
　二、新时代 Y 高校共青团工作受影响的情况分析 ……………… 147

三、五大影响因素对 Y 高校共青团工作产生影响的

　　实证研究……………………………………………… 153

四、新时代 Y 高校共青团工作具体路径 ………………… 156

参考文献 / 161

第一章 绪 论

一、选题背景

综观世界创新、创业教育（以下简称"双创"教育）的发展史，其发端于20世纪70年代初，标志性事件为1973年美国国家科学基金会资助麻省理工学院等高校筹建创新创业中心和技术创新中心。"双创"教育在世界范围内的飞跃发展始于两次全球教育大会，即在20世纪中后期召开的国际教育发展趋势研讨会和世界高等教育大会。自此，联合国教科文组织和众多学者开始聚焦和重视高等学校开展"双创"教育的重要性和紧迫性，世界范围内的"双创"教育由此开始了历史性飞跃，全球学者，尤其是教育学类学者开始了对"双创"教育的更多关注和探究。

与西方国家相比，我国的"双创"教育起步较晚，始于1997年清华大学举办的"第一届创业计划大赛"。随着毕业生就业难等问题出现和我国经济发展进入新常态等，"双创"教育受到了政府的高度重视。尤其是2014年李克强同志发出"大众创业、万众创新"的号召后，"双创"成为社会热词，之后"大众创业、万众创新"被写入2015年政府工作报告。受此影响，国内学者对"双创"教育进行了更加积极的研究。

高校始终是"双创"教育的重要主体和阵地。当前，高校"双创"教育正面临极好的历史机遇，"互联网＋"蓬勃发展和应用型本科院校的转型为"双创"教育提供了更好发展的网络环境和实践沃土。在"互联网＋"时代，面对衍生而至的机遇和挑战，"双创"教育需顺势而为，与"互联网+"进行深度嵌合,借助"互联网+"更好地创新教育模式、培养学生的创新精神,推动"双创"教育的优质高效发展。应用型本科院校建设是继中西部高等教育振兴计划之后,我国在高等教育领域设立的又一项重大工程。应用型本科院校的显著特点是更加注重应用型、技能型、复合型人才培养,更加重视实践教学和实践环境的优化。"双创"教育对突出应用型本科院校的差异化竞争、错位办学有重要意义。

思政育人、应用型本科院校转型、"双创"教育均是现阶段国家大力倡导和实施的重要举措,是经济新常态下培养忠实接班人、创新驱动、教育现代化的重要抓手。本书将应用型本科院校与"双创"教育相联结,并置于思政育人视域下进行研究。

根据教育部公布的资料,2025届全国普通高校毕业生人数将突破1200万人,其中硕士研究生毕业人数将超过120万人,就业市场对毕业生的需求却整体低迷、要求更加严格。因此,在当前严峻的就业大环境下,如何实现本校毕业生的高质量充分就业,成为各应用型本科院校人才培养过程中的重要课题。思政育人能够引导高校学生树立正确的人生观、价值观、就业观,增强学生的社会责任感和担当意识,让学生在面对就业选择时有更清晰的方向和更坚定的信念,而"双创"教育能够提升学生的创新思维、创业能力、实操能力,培养学生开拓前行、败而不馁的进取精神,所以将思政教育与"双创"教育两者耦合关联、共同推进,在促进毕业生就业方面协同发力,有望显著提高毕业生的就业竞争力,更好地契合需求端和就业市场的新变化、新要求,进而驱动应用型本科院校学生就业工作的高质量发展。

二、选题意义和研究价值

思政育人、应用型本科院校转型、"双创"教育以及"双师双能型"

师资建设均是当前国家层面积极倡导和推进的重要举措。高校一直是承担思政育人和"双创"教育重任的重要主体及阵地，而应用型本科院校建设作为近年来国家在教育领域的一项重大改革举措，旨在为新常态下的中国经济社会发展提供高层次、高水平、高素质的应用型人才，培养具备创新思维和意识、创业能力和胆识的创新创业人才，满足新时代经济社会对应用型、创新型、创业型、技能型、实践型人才及从业者的持续上升的需求。考虑到当前将思政育人、应用型本科院校转型、"双创"教育发展三者基于人才培养的主线耦合关联的研究还不足，本书的研究聚焦思政育人视域下应用型本科院校"双创"教育问题，将思政育人、应用型本科院校转型、"双创"教育三者耦合关联进行研究，有助于找到在思政育人视域下应用型本科院校"双创"教育中存在的问题和堵点，为应用型本科院校认清现实困境、补齐发展短板、调配发展资源、完善培养体系，提升"双创"教育绩效和做好思政育人工作提供施策目标和靶向依据。

此外，本书的研究也具有一定的理论意义和现实意义，其中对评估指标体系构建的研究理论意义更强，而现实意义体现在微观院校、中观省域和宏观国家层面。微观意义主要是有助于实现应用型本科院校应用型人才输送（供给端）与社会企业需求（需求端）的精准匹配；中观意义是通过对样本院校的研究，为省域层面的应用型本科院校在思政育人视域下更好地开展"双创"教育提供了依据；宏观意义是对推动思政育人、助力创新创业、促进应用型本科院校转型发展等诸多国家层面重要举措的实施具有积极辅助作用。

三、框架内容

本书主要基于思政育人视域对应用型本科院校的"双创"教育发展进行一揽子多维研究，全书主要从总体发展层面（第二章、第三章、第四章)、人才培养层面(第五章)、"双创"师资层面(第六章、第七章)、个案专业层面(第八章、第九章)、共青团工作层面(第十章)进行具体分析,涉及的研究架构及主要章节内容安排如下。

第一章主要介绍了本书的选题背景、选题意义和研究价值,以及框架内容。

第二章研究的是新文科背景下应用型本科院校推进思政育人的重要性问题,以及就业视域下应用型本科院校思政与"双创"教育耦合发展的基本问题、必要性及推进策略。其中,对于新文科背景下应用型本科院校推进思政育人的重要性,主要从新文科、应用型本科院校转型、课程思政的内在关联,以及新文科背景下应用型本科院校推进课程思政发展策略两大方面展开论述。就业视域下应用型本科院校思政与"双创"教育耦合发展的基本问题包括思政教育存在的问题(师资层面、学生层面),以及"双创"教育存在的问题(高校层面、师资层面、评价体系层面)。就业视域下思政和"双创"教育耦合发展的必要性主要从学生成长视角(全面提升就业竞争力),以及社会需求视角(培养契合时代需求的应用型人才)展开论述。此外,推动思政与"双创"教育耦合发展的策略探索强调要坚定思政与"双创"教育融合发展的信念;在课程设置上既要加强思政课程与"双创"课程的关联,又要加强思政课教师、专业课教师、"双创"课教师、辅导员之间的交流合作,还要加强校内外协同育人力度,推进健全和完善成效评价体系。

第三章在"互联网+"背景下,针对应用型本科院校"双创"教育绩效评价问题,采用 AHP 方法从政府支持、高校培养、学生参与、社会帮扶四维视域构建评价指标体系,再以江西省 10 所应用型本科院校 2013—2017 年的指标数据为依据进行研究。通过判断矩阵计算权重,先后得出影响"双创"教育总绩效的准则层指标主次排序,以及影响政府支持绩效、高校培养绩效、学生参与绩效、社会帮扶绩效的子准则层指标和方案层指标的重要性排序，并推导出影响"双创"教育总绩效的关键方案层指标。绩效评分结果显示：2013—2017年江西省10所应用型本科院校"双创"教育的四维分类绩效中，高校培养绩效评分最高，社会帮扶绩效评分最低，学生参与绩效和政府支持绩效的评分居中。总绩效评分表明，"互联网＋"时代江西省应用型本科院校的"双创"教育整体已从2013年的及格水平提升到2017年的良好偏下水平。

第四章阐述了应用型本科院校跨境电商"双创"教育的概况、评价及对策。为跨境电商行业输送供需匹配性高的创新型和应用型从业人员成为全社会关注的焦点，而应用型本科院校建设和"双创"教育推进有望成为解决该问题的重要途径。选取跨境电商发展水平最高的广东省为例，将应用型本科院校建设与跨境电商"双创"教育耦合关联进行研究，发现广东省应用型本科院校高度重视跨境电商"双创"教育工作，校内关联专业的各类政策、资源都不断向跨境电商方向倾斜、聚拢。绩效评价结果显示：当前广东省应用型本科院校跨境电商"双创"教育的评价等级为一般满意，各支撑面发展相对均衡，无显著短板，亦无突出优势。今后需以政府扶持为基础，应用型本科院校积极从自身、学生和社会层面进行持续优化。

第五章阐述了应用型本科院校外贸类专业跨境电商"双创"人才培养条件。"互联网＋"时代，跨境电商贸易发展给"双创"人才培养带来了新契机。肩负高等教育转型改革重任的应用型本科院校正展开针对性人才培养，但其面临的跨境电商"双创"人才培养条件如何尚未可知。我们在对政府、院校、学生、社会的四维耦合影响进行剖析的基础上构建了包括四级指标的评级体系，并以江西省为例，综合采用调查法、德尔菲法、层次分析法和模糊数学法进行研究。发现当前江西省应用型本科院校外贸类专业跨境电商"双创"人才培养的实施条件整体一般，评语等级为中等。四维层面的单独评分结果和每项方案层指标的评语等级结果表明，培养条件的主要短板在于社会合作条件，其次是学生自身条件，政府扶持条件和院校教育条件相对较好，但也有较大提升空间。

第六章阐述了"互联网＋"视域下高校"双创"师资培养成效的评价设计。"双创"师资是直接制约高校"双创"教育发展行稳致远的关键，因而各院校对"双创"师资培养予以重点关注和持续投入，但培养成效如何尚缺乏有针对性的评价研究。基于此，我们以南昌工程学院为例，综合运用德尔菲法、层次分析法、系统分析法、模糊数学法，从理论水平、实践能力、业绩取得、内外评价四维层面设计综合评价指标体系，并依托各相邻层级指标建立不同的判断矩阵，进而计算矩阵权重。通过权重比较得到同一层级的各指标制约和影响上一级指标成效表现的重要性，并据此提出有针对性的"互联网＋双创"师资成效提升策略。

第七章阐述了"双创"背景下应用型本科院校"双师双能型"教师培养的提升路径。以培养应用型、技能型人才为目标的应用型本科院校大力开展"双创"教育是实现其向应用型转变、满足其本科教育差异化和错位竞争要求的重要途径。"双师双能型"师资是"双创"教育高质量发展的保证和关键，但在"双创"背景下，有关应用型本科院校"双师双能型"师资培养的研究仍然匮乏。我们以南昌工程学院为例设计培养绩效评价指标体系，并通过权重计算得到影响绩效提升的各指标的重要性，为集聚有限资源精准施策、设计"双师双能型"师资培养路径提供了着力点和努力方向。

第八章为应用型本科院校财会类教师思政施教能力的评价体系构建与测评。针对教师思政施教能力问题，基于现实考量，选取应用型本科院校和财会类专业双重维度，以南昌工程学院为研究个案，综合运用德尔菲法、层次分析法、系统分析法和模糊数学法全面深入地定量评测了教师思政施教能力。研究发现：当前南昌工程学院财会类专业教师思政施教能力总体已经达到较高的水平，同时仍有较大的提升空间。其中，二级指标中的业绩荣誉 B_3、育人成效 B_4、外部评价 B_5 均对当前南昌工程学院财会类专业教师思政施教能力提升的贡献相对较弱；三级指标中的校内认可 C_{11}、校外反馈 C_{12}，以及科研成果 C_5、学生表彰表扬 C_{10} 均对南昌工程学院财会类专业教师思政施教能力的提升产生消极影响，尤其是科研成果 C_5、学生表彰表扬 C_{10} 指标的"拖后腿"影响显著。

第九章阐述了"互联网＋"背景下应用型本科院校"双创"发展的影响因素。"互联网＋"作为一种高效、便捷的载体和工具，极大地助推了应用型本科院校"双创"教育的开展。以 X 院校贸易类专业为调查研究对象，先对其 2015—2018 年的"双创"教育发展情况进行了较具体的介绍，然后从院校培养因素、学生自身因素、政府引导因素和社会合作因素的四维视域对各影响因素的情况进行了较深入分析，最后提出了有针对性的提升对策。

第十章是先采用发放调查问卷的方式对新时代 Y 高校共青团工作的受影响情况进行深入分析，再利用单因素方差分析的方法，针对网络媒介的发展、高校的不断扩招、高校培养机制改革、后勤日趋社会化和学生社团的兴起五大因素对 Y 高校共青团团委工作的影响程度进行了具体的实证研究，并且得出了一些结论。最后根据实证研究的结论，提出了新时代 Y 高校高效开展共青团工作的 5 条具体路径。

第二章 就业视域下应用型本科院校思政与"双创"教育耦合发展的基本问题、必要性及策略

根据教育部公布的资料，2025届全国高校毕业生人数将突破1200万人，其中硕士研究生毕业人数将超过120万人，但就业市场对毕业生的需求整体低迷、要求更加严格。由此，在当前的就业大环境下，如何实现本校毕业生的高质量充分就业，成为各应用型本科院校人才培养过程中的重要课题。思政教育能够引导高校学生树立正确的人生观、价值观、就业观，增强学生的社会责任感和担当意识，让学生在面对就业选择时有更清晰的方向和更坚定的信念，而"双创"教育能够提升学生的创新思维、创业能力、实操经验，培养学生开拓前行、败而不馁的进取精神，因而将思政教育与"双创"教育两者耦合关联、共同推进，在帮助毕业生就业方面协同发力，有望提高毕业生的就业竞争力，更好地契合需求端和就业市场的新变化、新要求，进而驱动应用型本科院校就业工作的高质量发展。

一、新文科背景下应用型本科院校推进思政育人的重要性
——以课程思政为例

（一）新文科、应用型本科院校转型、课程思政的内在关联

立德树人是教育工作的主要任务，思政育人应该贯穿于整个教育教学工作的全过程。推动课程思政发展是落实立德树人教育的重要举措，而新文科建设为推动课程思政发展带来了新的机遇。新文科建设是高等教育改革、创新、系统发展的重大工程，在新文科建设的带动下，课程思政建设的视野、原则、目标和内容等均得以进一步丰富，新文科建设与课程思政发展二者相得益彰。但新文科建设的新要求也给课程思政发展带来新的压力，新文科要求课程思政与时事政治、专业知识、创新思维、道德素养、科学精神等深度嵌合，对课程思政提出了更高、更全、更深的价值渗透和品德培养要求。由此可见，新文科建设背景下课程思政建设的"危""机"并存，但两者的价值观指向不谋而合，这是本研究的重要逻辑基础。

应用型本科院校建设是我国在高等教育领域着力建设的又一项重大工程。应用型建设强调在高校日常教学中更突出专业性、实践性、技能性、本地性，要大量设置、重点布局、不断强化与地方经济社会发展紧密相关的学科、课程、专业。由于这些学科、课程、专业常常更重视实操动手能力，忽视社会科学素养培育，造成应用型本科院校大学生在政治担当、思想觉悟、职业素养等方面有所不足，这就需要对新文科建设和课程思政育人予以纠偏。

基于这样的认识，本研究较早对新文科、应用型本科院校转型与课程思政三者耦合关联进行研究，从新文科建设与高校课程思政的育人功能出发，探索新文科建设背景下应用型本科院校课程思政的建设之道，为构建"大思政"育人格局提供新视角和新思路。

(二)新文科背景下应用型本科院校推进课程思政发展的策略

1. 宏观层面要从成效评价、路径设计及机制举措方面着手

(1)要构建专门的课程思政发展成效评价体系。采用有针对性的评价指标和方法对新文科背景下应用型本科院校课程思政发展成效进行评价,有助于校内各级部门、不同单位对课程思政教育、教学资源进行整合和优化,提高教育投资、教学资源的使用效率。因此需要从政府、高校、教师、学生、社会五个方面系统梳理影响课程思政建设的内外部因素和主客观因素等,从成效评价指标、成效评价主体和成效评价反馈三个维度构建课程思政绩效评价体系,并通过信度和效度检验进行指标的科学筛选,构建宏观和微观、定量和定性相结合的不同层级、不同性质的综合评价指标体系。

(2)要基于成效评价结果进行模式创新和针对性路径设计。通过成效评价结果审视应用型本科院校课程思政发展的短板和不足,为完善和创新课程思政发展模式提供客观依据,为符合应用型本科院校发展定位和自身特色的课程思政提供最优发展模式。同时要根据成效评价结果判别新文科背景下影响应用型本科院校课程思政育人成效提升的关键路径和优先路径,明确今后工作的着力点和推进方向。

此外,要给出一揽子助力应用型本科院校推进课程思政发展的机制举措。借鉴成功经验并结合成功案例研究,根据成效评价、模式创新和路径设计科学设计推进应用型本科院校课程思政发展的优化机制与政策措施。其一,要设计推进课程思政建设的保障机制、协调机制、耦合机制、合作机制,确保课程思政建设成效的不断提升。其二,要从课程思政建设的"内部"和"外部"两个角度提出优化对策。其三,要结合绩

效评价和模式创新，在不同的机制和不同路径下，针对各应用型本科院校设定不同的政策取向、重点和力度，实施差异化措施。

2. 具体层面要从政府、高校、教师、学生、社会五方面并举共进

（1）政府层面。各级政府主管部门要进行顶层设计，制定相关的课程思政发展保障政策，为高校课程思政发展指引方向、营造良好的环境和氛围，并且及时足额给予专门的财政资金支持，对思政育人一系列活动，如教学比赛、业绩展示、成效考核、课题申报、成果发表、竞赛活动等的开展给予资助。

（2）高校层面。高校可以通过设置差异化、高质量的思政课程，打造高水平专业化的师资队伍，制定校院级规章制度，搭建课程思政活动的实训实践平台，建设思政育人的数据资料库，以及广泛开展思政类的学术讲座、报告和比赛活动等，在校内掀起积极、热烈的学思政、议思政、用思政热潮。

（3）教师层面。高水平的师资是确保思政育人工作顺利、高效、持久开展的基础和关键，因而在教师层面，既应充分发挥马克思主义学院、高等教育研究中心等对口单位及专业二级学院和专门机构的专长优势和平台作用，又要充分发挥党员教师的先锋模范作用，通过人才评选、职称评定、聘岗定岗、评优评奖等政策倾斜，充分调动全体教师的思政育人积极性和热情，有效发挥好高校教师在课程思政教育方面的引导人和领路者作用。

（4）学生层面。可以在课堂上从理论课程的基本知识、研究范式、分析工具等方面，引导学生充分了解、正确认识党和国家的各项政策方针，培养学生爱党爱国爱人民的情怀，增强"四个意识"，坚定"四个自信"，激发学生参与课程思政、认可课程思政、共建课程思政的热情。

（5）社会层面。应积极整合各类社会资源、吸引多元社会主体进行政企、校企合作，构建大思政育人协同框架，积极借助社会各方力量进行社会调查，把思政育人和专业知识共同嵌入社会实践的各个环节中，以社会实践为载体加深学生对思政教育的了解和对思政力量的感知。

二、应用型本科院校思政和"双创"教育中存在的问题

（一）思政教育中存在的问题

（1）从师资层面来看，现阶段专职的大学思政教育教师数量不足，而且本就数量有限的专职教师还要忙于应付各类考核评测等其他工作，用于提升自身思政业务水平的时间被压缩。从事大学思政教育的辅导员队伍及专业课教师队伍，则由于人数配置、专业水平、业务能力的限制，对思政教育的理解把握和授课质量略显逊色。

（2）从学生层面来看，受传统的灌输式教育教学方式影响，学生对思政教学的接受度、参与度和满意度有提升空间，学习的积极性和主动性还没有被充分调动起来。而且受到现实生活和社会上功利主义、实用主义的影响，部分学生对思政教学的认识有待提高，投入的精力也不足，认为就业找工作用不到思政内容，学习思政仅仅是为了能够通过考试，顺利拿到毕业证书。

（二）"双创"教育中存在的问题

（1）在院校层面，开展"双创"教育的实践基地和平台等资源相对不足，且往往重视合作合同的签订，对于深入、务实合作往往流于形式，并不能给学生带来真正的、高效的、切实的指导和锻炼。

（2）在师资层面，部分应用型本科院校教师专注于纵向课题和学术论文的研究，对人才引进、职称评定、聘岗定岗、评优评先影响不大的工程实践、企业锻炼等，参与的积极性不高，导致既有师资和新招聘师

资的实践能力、企业经验不足，不能在创业技巧、经营风险等方面为学生提供有效指导。此外，在评价体系上，过度看重"双创"教育取得的比赛成绩和项目成果，"结果导向"评价的特征显著，以"成绩论成败"的评价方法不利于对学生"双创"思维、协作精神、实操技能等隐性和软性实力的认可和更进一步提升，在一定程度上也挫伤了师生参与"双创"教育的积极性。

三、就业视域下思政和"双创"教育耦合发展的必要性

（一）学生成长视角：全面提升就业竞争力

在竞争日益激烈的就业市场当中，从学生个体成长的视角分析，推动思政育人与"双创"教育耦合发展的重要性显而易见，需要坚持推行下去。思政育人所倡导的"知行合一"教育理念，能够为学生提供坚实的思想基础与行为准则，成为顶层指导"双创"教育高质量发展的精神力量，使学生在"双创"实践平台上，能够将思政教育所培养的价值观，如爱国、敬业、诚信、友善等，融入"双创"教育的每一个环节中。例如，在开展与环保相关的创业项目时，学生凭借对社会责任感、人民幸福感的深刻理解（源于思政教育），积极探索绿色创新技术，从项目策划到市场推广，始终坚守环保理念，这不仅提升了项目的社会价值，也锻炼了学生解决实际问题的能力。当这些学生步入竞争激烈的就业市场时，相较于仅拥有单一技能的求职者，他们具备更全面的素质，能够迅速地适应企业的文化氛围并满足工作要求。在面对复杂的业务挑战时，他们凭借良好的团队协作精神（在"双创"实践中培养）和正确的价值观导向（来自思政教育），能够做出更加恰当的决策，从而提升自身在就业市场中的竞争力，实现从校园到职场的平顺过渡。

（二）社会需求视角：培养契合时代需求的应用型人才

从社会需求的宏观视角出发，应用型本科院校作为人才培养的重要基地，肩负着为社会输送符合时代发展需求的人才的重任。在当今科技飞速进步、社会发展日新月异的时代，社会对应用型人才的要求日益多元化。思政与"双创"教育的耦合发展，能够精准地满足这一需求。思政教育所培育的正确价值观，使学生在进入社会后能够遵循社会道德规范，积极为社会发展贡献力量。"双创"教育所塑造的创新创业能力，让学生具备推动企业创新发展、适应新兴产业需要的潜力。例如，在新兴的人工智能产业领域，企业需要既懂新技术又具备良好职业道德和团队协作精神的人才，通过思政与"双创"教育耦合培养出的学生，能够在这样的企业中发挥重要作用。思政与"双创"教育耦合发展，有助于实现人才培养与社会需求的无缝对接，为社会的稳定与经济的持续增长提供有力的人才支撑。

四、推动思政与"双创"教育耦合发展的策略探索

面对越来越严峻的就业形势和更加激烈的就业市场，将思政与"双创"教育耦合关联、共同推动，有助于增强应用型本科院校毕业生对就业形势的认知和理解，调动他们创新创业的积极性，提升他们的就业竞争力。要将思政教育的"知行合一"理念，以及正确的世界观、人生观、价值观融入"双创"教育所提供的实操平台和实践机会中，满足企业对道德修养好、认可企业价值观、创新意识强、实操水平高的人才的迫切需求，提升毕业生的就业数量和质量。

（1）坚定思政与"双创"教育融合发展的信念。思政教育与"双创"教育有许多契合点，也有共同的目标取向，因而应用型本科院校需要进行顶层布局设计，统筹教学资源，将思政教育的核心价值观念与

"双创"教育的创新创业理念相融合,既要让积极向上的价值观在"双创"教育中得到充分体现,又要让学生敢于创新、勇于创业,理解创新创业的重要社会意义。

(2)在课程设置上既要加强思政课程与"双创"课程的关联,开设融合两类课程内容的综合性课程,也要在学科专业课的内容设置上大力融入思政元素和"双创"案例,让学生能够感受到思政与"双创"教育的实际作用,增强学生对思政和"双创"教育的学习兴趣和认可度。

(3)加强思政课教师、专业课教师、"双创"课教师、辅导员之间的交流合作。既要开展共同的教学备课合作,又要通过跨学科研讨会等提升综合授课水平,还要加强不同学科背景的教师之间的协作,以促进思政教学、"双创"活动质量的提升。

(4)加大校内、校外协同育人力度。应用型本科院校要充分利用好与校外企业、单位、机构的合作,加强互动交流,定期派出师生参加实践、实习、参观、走访等活动,让学生感受到校外企事业单位的创业历史、发展文化及创新精神,以促进学生培养与职场需求更好地衔接。

(5)健全完善成效评价体系,采用兼顾综合与重点、定性与定量、主观与客观的评价指标,对应用型本科院校思政与"双创"教育促进就业的过程和结果进行客观、多元、全面的评价,为应用型本科院校后续进一步推动思政与"双创"教育的耦合优化发展提供精准依据。

总之,在当前严峻的就业大形势下,应用型本科院校要通过深入探索思政与"双创"教育的耦合发展之路,积极分析思政与"双创"教育中存在的问题,有针对性地提出一揽子优化策略,培养出一大批满足时代需求、德才兼备的高素质应用型人才,进而提升毕业生的就业竞争力,为经济社会的高质量发展贡献重要力量。

第三章 "互联网+"时代应用型本科院校"双创"教育绩效评价
——以江西省为例

一、引言

在"互联网+"时代,应用型本科院校进行"双创"教育的成效如何,鲜有针对性研究。

"互联网+"、应用型本科院校、"双创"教育均是现阶段国家大力倡导和实施的重大战略和举措,是新常态下发展信息科技、创新驱动、教育现代化的重要抓手。本部分的研究将应用型本科院校与"双创"教育相联结,并置于"互联网+"时代下进行研究,选取江西省作为研究个例,以 2015 年初该省批准的 10 所向应用技术类院校转型试点的本科院校(这 10 所高校分别是景德镇陶瓷大学[①]、南昌航空大学、新余学院、宜春学院、萍乡学院、江西服装学院、南昌工学院、江西应用科技学院、华东交通大学理工学院、江西中医药大学科技学院)为研究样本,并以这 10 所院校的整合数据为基础资料,探究"互联网+"时代江西省应用型本科院校"双创"教育的发展绩效。本研究不仅对江西省应用型本科院校"双创"教育绩效有直接评价,亦对我国建立健全应用型本科院校"双创"教育体系有借鉴和参考价值。

---

① 原景德镇陶瓷学院,2016 年更名为景德镇陶瓷大学。

二、文献综述

国内外都很重视推进高校"双创"教育的发展，均展开了大量的研究工作。国外机构和学者最先提出和引领了"双创"教育理念和实践（哈佛大学商学院学者 Mace 于 1947 年面向 MBA 开设了《新创企业管理》创业课程，巴布森商学院在 1967 年又开办首个创业教育课程，这些都是世界"双创"教育的雏形），尤其在"双创"教育的经济社会价值（Gorman et al.，1997；Timmons，2005；Harkema and Schout，2008）、教学方式转变（Gibb，1993；Rae，2003；Hytti and O'Gorman，2004；Deakins et al.，2005）、专业师资培养（Lewis and Massey，2003；Deuchar，2004），以及教学内容设置（Nabi et al.，2008；Radharamanan and Juang，2014；Rasmussen，2016）方面进行了较深入的研究。研究关注"双创"教育的经济社会效应和如何提高教育质量等方面，但是针对不同类型院校和专业等的特色性培养的研究较少。

国内对"双创"教育的研究，重视从不同的研究视角、不同育人和培养模式、不同类型院校和学科方面展开探究。例如研究视角包括理论视角（余潇潇和刘源浩，2016）、"互联网+"视角（章金萍和陈亮，2017）、国外启示视角（朴钟鹤，2013；汪红梅和焦爽，2017）等。在不同育人方式和培养模式方面，刘伟（2011）较早展开了对高校"双创"教育人才培养体系构建的思考。后来马永斌和柏喆（2015）对"双创"教育的实践模式进行了研究与探索。而后续学者的研究均提出了较为具体的育人模式，如李双寿等（2017）的"三位一体、三创融合"高校"双创"训练体系，吴加权和朱国奉（2017）的"产教创一体化"育人模式等。在不同类型院校和学科的探究方面，相关研究涉及高职院校、民办高校、普通本科院校等类型（朱红和张优良，2014；刘伟和邓志超，2014；黄平槐，2016；匡瑛和石伟平，2017），以及国际贸易、医学、艺术等不同学科，研究视域广泛、针对性强。但是，现有国内外研究都缺乏有效的人才培养绩效评价方法，定性研究多而定量研究少。随着"互联网＋"时代到来，尽管已有"互联网＋"与高校"双创"教育相结合的研究，但是鲜有专门在"互联网＋"背景下针对应用型本科院校"双创"教育绩效评价的研究，本部分的研究拟做出边际贡献。

三、"互联网＋"时代"双创"教育绩效评价的指标体系

"互联网＋"时代高校"双创"教育仍多处于初级阶段，在师资建设、教育模式、考核方式、激励措施等方面还处于探索期，相应的教育评价体系还未健全（宋福英等，2018）。鉴于此，在借鉴冯艳飞和童晓玲（2013）的类似指标体系的基础上，本部分研究构建了政府支持、高校培养、学生参与、社会帮扶耦合关联的"四位一体"评价体系。与现有文献的指标评价体系主要以定性指标为主有所不同，本部分研究构建的指标评价体系只选取定量指标，试图通过对客观数据的归纳分析来更加真实地反映和评价绩效状况。

本章基于科学性、完整性、定量性、易搜集性原则构建的绩效评价指标体系如表3-1所示。该指标体系由自总至分的四层递阶结构组成，其中，目标层是本章研究的靶标；准则层是所依托的四维层面，亦是主要架构；子准则层是对准则层的细化和诠释，起补充说明作用，由10个指标组成；方案层是最基础的分析指标，由26个指标组成。

（一）德尔菲法专家打分

借鉴崔军和杨琪（2013）引入专家可信度的多维度综合评价方法，邀请"双创"领域内的11名学者根据Saaty提出的1～9标度法对表3-1中相较于上一层级指标的本层级两两指标进行对比赋值，赋值的主观依据是专家基于个人经验和学识的判断，客观依据是江西省应用型本科

表 3-1 "互联网+"时代高校"双创"教育的绩效评价指标体系

目标层	准则层	子准则层	方案层	指标阐释	数据来源
"互联网+"时代江西省应用型本科院校"双创"教育绩效 A	政府支持绩效 B_1	财政支持 C_1	"双创"类经费投入总额 D_1	省财政安排的大学生"双创"教育专项资金	江西省统计年鉴、江西省经济和社会发展统计公报、江西省历年国民经济和社会发展统计公报,以及根据江西省财政厅、教育厅、科技厅的公开资料或实地调研数据整理而得
			"双创"类经费投入占教育经费投入总额的比重 D_2		
			扶持"双创"项目优惠贷款额度 D_3	金融机构提供的免息、低息和免担保的各类优惠贷款	
	组织保障 C_2		相关政策保障 D_4	涉及"双创"的政策文本数量	
			组织开展的"双创"类活动数量 D_5	如创新创业论坛、创业讲座培训、创业规划大赛、创业经验交流、创业项目推介等	
	高校培养绩效 B_2	网络环境营造 C_3	"双创"类网络媒介数量 D_6	涉及"双创"的 App、微信公众号、微信群、QQ 群、大数据、云计算、创业服务网站等	根据江西省 10 所应用型本科院校的团委、教务处、创新创业学院等专门管理机构提供的资料或实地调研整理而得
			网络教学及实训软件数量 D_7		
			电子数据库、资料库的购买数量 D_8	中国知网等中文电子数据库, web of science 等外文电子数据库,各类统计年鉴、文库、数据库	

— 20 —

第三章 "互联网+"时代应用型本科院校"双创"教育绩效评价
——以江西省为例

续表

目标层	准则层	子准则层	方案层	指标阐释	数据来源
"互联网+"时代江西省应用型本科院校"双创"教育绩效 A	高校培养绩效 B_2	师资配套 C_4	"双师双能型"师资占比 D_9	"双师双能型"教师以取得中级及以上技术职称且拥有一年以上工程实践锻炼经历方为认定标准	根据江西省10所应用型本科院校的团委、教务处、学院等专门管理本校"双创"活动的机构提供的资料整理而得
			具有大学历的教师指导经历双创"活动占比 D_{10}		
		课程设置 C_5	主持"双创"类教研和科研课题数量总数占比 D_{11}		
			"互联网+"类课程数量占比 D_{12}		
			"双创"类课程数量占比 D_{13}		
			"双创"类讲座和报告数量占比 D_{14}		
		平台建设 C_6	"双创"类实训实践平台搭建数量 D_{15}	如创新创业学院、大学生科技创业孵化园、科技成果转化中心、大学科技创新园(中心)、列车创咖、知识产权(专利)孵化中心、创新创业沙龙及工程实训中心等	

— 21 —

续表

目标层	准则层	子准则层	方案层	指标阐释	数据来源
"互联网+"时代江西省应用型本科院校"双创"教育绩效 A	高校培养绩效 B_2	平台建设 C_6	"双创"类实训实践平台总规模 D_{16}	以各类平台的入驻项目总数量计算规模	根据江西省10所应用型本科院校的团委、教务处、创新创业学院等专门管理本校"双创"活动的机构提供的资料整理而得
			"双创"项目数量 D_{17}	指大学生"挑战杯"课外学术竞赛、大学生创新创业项目、大学生计划大赛等各类校级及以上"双创"活动立项的项目，以及入驻各类实训实践平台的项目	
	学生参与绩效 B_3	发展基础 C_7	"互联网+"类"双创"项目数量占总数量的比重 D_{18}	"互联网+"类"双创"项目既包括网站设计、软件开发、开网店、网络设备及配件售卖的创业项目，也包括涉及"互联网+"的各类学术调研、科技大赛、论文写作的创新项目等	
			"双创"活动学生参与人数占比 D_{19}	占当年度在校本科生人数的比重	
		取得成果 C_8	"双创"项目获奖数量 D_{20}	合计省厅级、国家级各类奖励	
			发表论文数量 D_{21}	只计算学生为第一作者或通讯作者的学术论文	

第三章 "互联网+"时代应用型本科院校"双创"教育绩效评价
——以江西省为例

续表

目标层	准则层	子准则层	方案层	指标阐释	数据来源
"互联网+"时代江西应用型本科院校"双创"教育绩效 A	学生参与绩效 B_3	取得成果 C_8	成立孵化企业和项目数量 D_{22}	以校级及以上机构批准同意为准	根据江西省10所应用型本科院校的团委、教务处、创新创业学院等专门管理本校"双创"活动的机构提供的资料整理而得
	社会帮扶绩效 B_4	合作意愿 C_9	对"双创"项目进行投资的社会机构数量 D_{23}	社会帮扶主要指科研院所、行业协会、企业单位等与高校协同育人的各类举措	
			校企合作类"双创"基地数量 D_{24}		
		接纳锻炼 C_{10}	教师实践锻炼的社会基地数量 D_{25}		
			学生技能培训的社会基地数量 D_{26}		

— 23 —

院校"双创"教育的实际发展情况。赋值结果取加权平均数(将11位学者的职称、学历学位、是否担任硕士或博士生导师、研究相关度、近5年学术贡献、打分自信度量化赋值后作为绝对数权数),就赋值结果进行多轮咨询、反复调整后再确定最终结果。最后基于赋值结果建立两两比较的判断矩阵。

(二)基于判断矩阵计算指标权重

首先将判断矩阵内的各元素每行相乘得到 $P_i = \prod_{j=1}^{n} U_{ij}$,i= 1,2,…,n。其次计算指标权重 $W_i = \dfrac{\sqrt[n]{P_i}}{\sum_{i=1}^{n}\sqrt[n]{P_i}}$,然后进行判断矩阵的一致性检验。一致性(比例)计算方法为 $CR = \dfrac{CI}{RI}$,其中一致性指标 $CI = \dfrac{\lambda_{max} - n}{n-1}$,平均随机一致性指标 RI 数值根据 1~4 阶正互反矩阵计算 1000 次得到的数值获得,若 CR 取值低于 0.1,则表明该判断矩阵通过一致性检验。

1. 目标层和准则层构建的判断矩阵 A-B$_i$ 及权重计算

根据表 3-2 可知,判断矩阵 A-B$_i$(i=1,2,3,4)的最大特征根 λ_{max}=4.0604,CI=0.0201,数值很小,说明一致性良好;CR=0.0226<0.1,说明该判断矩阵具有满意的一致性,因此可以运用该判断矩阵进行权重计算。

表 3-2 "双创"教育绩效评价的判断矩阵 A-B$_i$

A	B$_1$	B$_2$	B$_3$	B$_4$	对目标层权重 W$_{Bi}$
B$_1$	1	0.25	0.5	2	0.1481
B$_2$	4	1	2	4	0.4981
B$_3$	2	0.5	1	2	0.2491
B$_4$	0.5	0.25	0.5	1	0.1047
	λ_{max}=4.0604	CI=0.0201	RI=0.89	CR=0.0226<0.1	

第三章 "互联网+"时代应用型本科院校"双创"教育绩效评价
——以江西省为例

根据权重计算结果，"互联网+"时代对江西省应用型本科院校"双创"教育绩效影响最大的因素是高校培养；其次是学生参与；最后是政府支持和社会帮扶。高校培养和学生参与的权重大，表明这两者占主体地位，是影响"双创"教育绩效的内部主因。而且高校培养权重最高，为0.4981，说明高校需要找准自身定位和特色，借力"互联网+"从师资支撑、课程设置、平台建设方面积极创造条件推动"双创"教育工作的开展，这样才能取得更好的绩效。学生参与的权重为0.2491，表明学生参与"双创"活动的积极性、参与数量与成果质量情况对"双创"教育绩效有较大的影响。政府支持和社会帮扶是影响"双创"教育绩效表现的外部客观因素，权重分别为0.1481、0.1047。"双创"教育发展需要政府加强顶层设计和提供资金保障、政策扶持，高校需要充分利用好资金和政策红利谋划"双创"教育发展。同时，各高校需要依托政策优势借力社会资源展开多形式、深参与、紧密协同的合作，力争取得更佳的绩效。

2. 准则层、子准则层和方案层的判断矩阵及权重计算

分别建立准则层与子准则层的判断矩阵B-C、子准则层和方案层的判断矩阵C-D、准则层与方案层的判断矩阵B-D，并在各矩阵权重通过一致性检验的情况下分析比较权重，进而得出指标相对重要性的结论。矩阵B-D的总聚权重W_{Di}^B＝方案层的单层权重W_{Di}×相应子准则层的单层权重W_{Ci}，相应的总聚权重W_{Di}^B一致性检验按照CI^B＝方案层的CI_i×W_{Ci}，RI^B＝方案层的RI_i×W_{Ci}，$CR^B=\dfrac{CI^B}{RI^B}$计算进行。

（1）政府支持层面。根据表3-3，判断矩阵B_1-C_i（i＝1，2）、C_i-D_j（i＝1，j＝1，2，3；i＝2，j＝4，5）、B_1-D_j（j＝1，2，3，4，5）的CR值分别为0、0.0176、0、0.0177，均小于0.1，表明所构建的各判断矩阵均具有满意的一致性，权重计算结果可靠。

表 3-3 矩阵 B_1-C_i、C_i-D_j、B_1-D_j 的单层或总聚权重及一致性检验结果

准则层	子准则层指标	对准则层单层权重 W_{Ci}	W_{Ci}一致性检验	方案层指标	对子准则层单层权重 W_{Di}	W_{Di}一致性检验	方案层总聚权重 W_{Di}^B	W_{Di}^B一致性检验
B₁	C₁	0.5000	$\lambda_{max}=2$ CI=0 RI=0 CR=0<0.1	D₁	0.5584	$\lambda_{max}=3.0183$ CI=0.0091 RI=0.52 CR=0.0176<0.1	0.2792	CI^B=0.0046 RI^B=0.26 CR^B=0.0177<0.1
B₁	C₁	0.5000		D₂	0.1220		0.0610	
B₁	C₁	0.5000		D₃	0.3196		0.1598	
B₁	C₂	0.5000		D₄	0.8333	$\lambda_{max}=2$ CI=0 RI=0 CR=0<0.1	0.4167	
B₁	C₂	0.5000		D₅	0.1667		0.0833	

第三章 "互联网+"时代应用型本科院校"双创"教育绩效评价
——以江西省为例

判断矩阵 B_1-C_i（i=1，2）的权重均为 0.5000，表明政府部门的财政支持和组织保障对应用型本科院校"双创"教育发展的重要性相同，需要政府在这两方面双管齐下、齐抓共管。判断矩阵 C_1-D_j（j=1，2，3）的权重分别为 0.5584、0.1220、0.3196，表明政府对高校"双创"教育的财政支持要重点突出"双创"类经费投入总额，其次是各类优惠贷款的扶持，这样才会取得更好的财政支持绩效。判断矩阵 C_2-D_j（j=4，5）的权重分别为 0.8333 和 0.1667，说明"双创"教育的相关政策、法规、条例的出台颁布和实施监督对评价政府组织保障工作最为关键，而政府组织开展的"双创"类活动的数量也对组织保障绩效有一定程度的影响。

判断矩阵 B_1-D_j（j=1，2，3，4，5）的总聚权重结果显示，评价政府支持绩效的首要方案层指标是相关政策保障 D_4，其次是"双创"类经费投入总额 D_1 和扶持"双创"项目优惠贷款额度 D_3 两个指标，最后是组织开展"双创"类活动的数量 D_5、"双创"类经费投入占教育经费总投入的比重 D_2，这为今后政府部门聚集有限资源，高效率地开展"双创"教育工作提供了资源优化配置的重点、依据和方向。

（2）高校培养层面。根据表 3-4，判断矩阵 B_2-C_i（i=3，4，5，6）、C_i-D_j（i=3，j=6，7，8；i=4，j=9，10，11；i=5，j=12，13，14；i=6，j=15，16）、B_2-D_j（j=6，7，8，9，10，11，12，13，14，15，16）的 CR 值分别为 0.0214、0.0707、0.0825、0.0025、0、0.0736，均小于 0.1，表明所构建的各判断矩阵均具有满意的一致性，权重计算结果可靠。

根据判断矩阵 B_2-C_i（i=3，4，5，6）的权重结果，师资配套 C_4 权重最大，达到 0.5588，说明从事"双创"教育的师资队伍对高校"双创"教育绩效的影响最大，"双创"教育要取得良好成效，在高校层面首先要抓好师资配套的基础工作，切实提高教师的业务能力、指导能力和教研能力。网络环境营造 C_3 的权重为 0.2359，说明在"互联网+"时代应用型本科院校开展"双创"教育，需要营造良好的网络环境，应充分

表 3-4　矩阵 B_2-C_i、C_i-D_j、B_2-D_j 的单层或总聚权重及一致性检验结果

准则层	子准则层指标	子准则层 对准则层权重 W_{Ci}	W_{Ci} 一致性检验	方案层指标	对子准则层单层权重 W_{Di}	W_{Di} 一致性检验	对准则层总聚权重 W_{Di}^B	W_{Di}^B 一致性检验
B_2	C_3	0.2359		D_6	0.6144	λ_{max}=3.0735 CI=0.0368 RI=0.52 CR=0.0707<0.1	0.1449	CI^B=0.0327 RI^B=0.4450 CR^B=0.0736<0.1
				D_7	0.1172		0.0276	
				D_8	0.2684		0.0633	
	C_4	0.5588	λ_{max}=4.0571 CI=0.0190 RI=0.89 CR=0.0214<0.1	D_9	0.1007	λ_{max}=3.0858 CI=0.0429 RI=0.52 CR=0.0825<0.1	0.0562	
				D_{10}	0.6738		0.3765	
				D_{11}	0.2255		0.1260	
				D_{12}	0.2158	λ_{max}=3.0026 CI=0.0013 RI=0.52 CR=0.0025<0.1	0.0132	
	C_5	0.0610		D_{13}	0.6817		0.0416	
				D_{14}	0.1025		0.0062	
	C_6	0.1444		D_{15}	0.6667	λ_{max}=2 CI=0 RI=0 CR=0<0.1	0.0963	
				D_{16}	0.3333		0.0481	

利用大数据、云计算等信息技术，为"双创"教育活动提供网络技术支撑，切实借助"互联网+"推动"双创"教育的快速、便捷、高效开展。尽管平台建设 C_6 和课程设置 C_5 的权重均偏小，分别为 0.1444、0.0610，但高校开展"双创"教育也必须重视实训实践平台建设和"双创"类课程的设置问题，只有健全"互联网+双创"教育网络平台和课程体系，平台和课程资源实现校际、省际间的开放共享，才能更好地为学生进行创新创业提供活动平台和课程支持。

在子准则层指标层面，根据判断矩阵 C_i-D_j（i=3，j=6，7，8；i=4，j=9，10，11；i=5，j=12，13，14；i=6，j=15，16）的权重计算结果，对网络环境营造、师资配套、课程设置、平台建设绩效影响较大的方案层指标有"双创"类网络媒介数量 D_6、具有大学生"双创"活动指导经历的教师占比 D_{10}、"双创"类课程数量占比 D_{13}、"双创"类实训实践平台搭建数量 D_{15}，这为有限资源的充分、合理及高效利用提供了有针对性的参考。

根据判断矩阵 B_2-D_j 总聚权重的计算结果，对高校"双创"教育绩效影响较大的方案层指标依次是具有大学生"双创"活动指导经历的教师占比 D_{10}、"双创"类网络媒介数量 D_6、主持"双创"类教研和科研课题总数量 D_{11}、"双创"类实训实践平台搭建数量 D_{15}。其中，切身投入"双创"指导工作及有主持"双创"类教研及科研课题经历的师资是"双创"教育开展的基础和关键，"双创"类网络媒介及实训实践平台能为"双创"教育更好开展提供便利环境。这表明应用型本科院校要想取得良好的培养绩效，需要集中力量首先优化这些指标。

（3）学生参与层面。根据表 3-5，判断矩阵 B_3-C_i（i=7，8）、C_i-D_j（i=7，j=17，18，19；i=8，j=20，21，22）、B_3-D_j（j=17，18，19，20，21，22）的 CR 值分别为 0、0.0370、0.0516、0.048，均小于 0.1，表明所构建的各判断矩阵均具有满意的一致性，权重计算结果可靠。

表 3-5　矩阵 B_3-C_i、C_i-D_j、B_3-D_j 的单层或总聚权重及一致性检验结果

准则层	子准则层	子准则层指标	对准则层单层权重 W_{Ci}	W_{Ci} 一致性检验	方案层指标	对子准则层单层权重 W_{Di}	W_{Di} 一致性检验	对准则层总聚权重 W_{Di}^B	W_{Di}^B 一致性检验
B_3	C_7		0.2500	$\lambda_{max}=2$ $CI=0$ $RI=0$ $CR=0<0.1$	D_{17}	0.2583	$\lambda_{max}=3.0385$ $CI=0.0193$ $RI=0.52$ $CR=0.0370<0.1$	0.0646	$CI^B=0.0249$ $RI^B=0.52$ $CR^B=0.048<0.1$
					D_{18}	0.1047		0.0262	
					D_{19}	0.6370		0.1592	
	C_8		0.7500		D_{20}	0.3445	$\lambda_{max}=3.0536$ $CI=0.0268$ $RI=0.52$ $CR=0.0516<0.1$	0.2584	
					D_{21}	0.1085		0.0814	
					D_{22}	0.5469		0.4102	

观察判断矩阵 B_3-C_i（i=7，8）的权重结果，发展基础 C_7 和取得成果 C_8 的权重分别为 0.2500、0.7500，表明后者是考量学生参与绩效的核心内容，为了让学生更好地参与"双创"活动，夯实发展基础也应得到持续不断的重视。判断矩阵 C_7-D_j（j=17，18，19）、C_8-D_j（j=20，21，22）的权重结果显示，"双创"活动学生参与人数占比 D_{19}、成立孵化企业和项目的数量 D_{22} 分别占据发展基础 C_7、取得成果 C_8 的最大权重，说明提升这两项指标的相对或绝对数值是有效提高对应子准则层绩效的关键。

根据判断矩阵 B_3-D_j（j=17，18，19，20，21，22）总聚权重的计算结果，成立孵化企业和项目数量 D_{22}、"双创"项目获奖数量 D_{20}、"双创"活动学生参与人数占比 D_{19} 的权重较大，表明这三个指标对提高学生参与绩效的影响作用很大，尤其是成立孵化企业和项目数量 D_{22} 是最关键的影响指标。因此，高校要在政府支持的基础上，切实采取跟进措施，提高学生主持或参与的"双创"孵化企业和项目数量，鼓励学生携项目及成果积极参与省厅级以上级别的比赛，并不断扩大参与"双创"活动的学生的绝对数量及相对数量。

（4）社会帮扶层面。由表3-6可知，判断矩阵 B_4-C_i（i=9，10）、C_i-D_j（i=9，j=23，24；i=10，j=25，26）、B_4-D_j（j=23，24，25，26）的 CR 值均为 0，小于 0.1，表明所构建的各判断矩阵均具有满意的一致性，权重计算结果可靠。

判断矩阵 B_4-C_i（i=9，10）的权重结果显示，合作意愿 C_9 所占权重为 0.6667，接纳锻炼 C_{10} 所占权重为 0.3333，表明社会力量的合作意愿是评价社会帮扶绩效的关键，当然，接纳锻炼也是不能忽视的重要因素，因为教师校外实践锻炼和学生校外技能培训都需要社会力量的实际支持和配合。根据判断矩阵 C_9-D_j（j=23，24）、C_{10}-D_j（j=25，26）的权重结果，对"双创"项目进行投资的社会机构数量 D_{23} 是增强合作意愿的最重要方案层指标，权重达到 0.7500。校企合作类"双创"

表 3-6 矩阵 B_4-C_i、C_i-D_j、B_4-D_j 的单层或总聚权重及一致性检验结果

准则层	子准则层指标	子准则层单层对准则层权重 W_{Ci}	W_{Ci} 一致性检验	方案层指标	对子准则层单层权重 W_{Di}	W_{Di} 一致性检验	方案层对准则层总聚权重 W_{Di}^B	W_{Di}^B 一致性检验
B_4	C_9	0.6667	$\lambda_{max}=2$ CI=0 RI=0 CR=0<0.1	D_{23}	0.7500	$\lambda_{max}=2$ CI=0 RI=0 CR=0<0.1	0.5000	$CI^B=0$ $RI^B=0$ $CR^B=0<0.1$
				D_{24}	0.2500		0.1667	
	C_{10}	0.3333		D_{25}	0.5000	$\lambda_{max}=2$ CI=0 RI=0 CR=0<0.1	0.1667	
				D_{26}	0.5000		0.1667	

基地数量 D_{24} 的影响稍弱，权重为 0.2500，但该指标也是阐释社会合作意愿的重要载体和基础。从接纳锻炼层面来看，教师实践锻炼的社会基地数量 D_{25}、学生技能培训的社会基地数量所占权重均为 0.5000，表明社会力量对教师、学生的培训锻炼对评价该子准则层绩效同等重要。

根据 B_4-D_j（j=23，24，25，26）总聚权重的计算结果，从方案层指标观察社会帮扶绩效的权重情况，对"双创"项目进行投资的社会机构数量 D_{23} 的权重最高，表明该指标对于判断社会帮扶绩效最为重要，因此采取措施鼓励各类社会力量对"双创"项目进行投资极为必要和关键。其他方案层指标的权重均为 0.1667，即表明三项指标的作用同等重要，这三项指标也同样不可忽视。

3. 目标层和方案层判断矩阵 A-D_j 及总聚权重计算

判断矩阵 A-D_j 的总聚权重 W_{Dj}^A = 方案层总聚权重 W_{Dj}^B × 相应准则层单层权重 W_{Bi}，总聚权重 W_{Dj}^A 一致性检验按照 $CI^A = \sum_{i=1}^{4} CI_i^B \times W_{Bi}$，$RI^A = \sum_{i=1}^{4} RI_i^B \times W_{Bi}$，$CR^A = \dfrac{CI^A}{RI^A}$ 计算而得。

根据表 3-7，对目标层影响较大的方案层指标分别是具有大学生"双创"活动指导经历的教师占比 D_{10}、成立孵化企业和项目的数量 D_{22}、"双创"类网络媒介数量 D_6、"双创"项目获奖数量 D_{20}、主持"双创"类教研和科研课题的总数量 D_{11}、相关政策保障 D_4、对"双创"项目进行投资的社会机构数量 D_{23}，权重分别为 0.1875、0.1022、0.0722、0.0644、0.0628、0.0617、0.0524，均超过 0.05，表明这些指标是影响"互联网＋"时代江西省应用型本科院校"双创"教育总绩效的主要因素，尤其是具有大学生"双创"活动指导经历的教师占比 D_{10} 和成立孵化企业和项目的数量 D_{22} 两项指标的权重均超过 0.1，表明这两项指标是制约和影响"双创"教育绩效的最关键因素。发掘出影响总

表 3-7　判断矩阵 A-D$_j$ 的总聚权重计算及一致性检验结果

方案层及总聚权重 W$_{Di}^B$	准则层及单层权重 W$_{Bi}$				对目标层总聚权重 W$_{Di}^A$	W$_{Di}^A$ 一致性检验	排序
	B$_1$	B$_2$	B$_3$	B$_4$			
	0.1481	0.4981	0.2491	0.1047			
D$_1$	0.2792				0.0413		9
D$_2$	0.0610				0.0090		23
D$_3$	0.1598				0.0237		14
D$_4$	0.4167				0.0617		6
D$_5$	0.0833				0.0123		22
D$_6$		0.1449			0.0722	CI^A=0.0232	3
D$_7$		0.0276			0.0137	RI^A=0.3897	21
D$_8$		0.0633			0.0315	CR^A=0.0595<0.1	11
D$_9$		0.0562			0.0280		12
D$_{10}$		0.3765			0.1875		1
D$_{11}$		0.1260			0.0628		5
D$_{12}$		0.0132			0.0066		24
D$_{13}$		0.0416			0.0207		15
D$_{14}$		0.0062			0.0031		26
D$_{15}$		0.0963			0.0480		8

第三章 "互联网+"时代应用型本科院校"双创"教育绩效评价
——以江西省为例

续表

方案层及总聚权重 W_{Di}^B	准则层及单层权重 W_{Bi}				对目标层总聚权重 W_{Di}^A	W_{Di}^A 一致性检验	W_{Di}^A 排序
	B_1	B_2	B_3	B_4			
	0.1481	0.4981	0.2491	0.1047			
D_{16}		0.0481			0.0240		13
D_{17}			0.0646		0.0161		20
D_{18}			0.0262		0.0065		25
D_{19}			0.1592		0.0397		10
D_{20}			0.2584		0.0644	$CI^A = 0.0232$	4
D_{21}			0.0814		0.0203	$RI^A = 0.3897$	16
D_{22}			0.4102		0.1022	$CR^A = 0.0595 < 0.1$	2
D_{23}				0.5000	0.0524		7
D_{24}				0.1667	0.0175		17
D_{25}				0.1667	0.0175		17
D_{26}				0.1667	0.0175		17

绩效的主要指标就为整合各类资源获得最优绩效提供了工作依据和方向，可以据此进行"双创"教育的相应调整、提升与创新。

四、江西省应用型本科院校"双创"教育绩效测算

（一）测算思路及依据

基于表 3-1 各方案层指标搜集 2013—2017 年江西省 10 所应用型本科试点高校的整合数据，先分别从政府、高校、学生、社会视域厘清各自的绩效评分，再总括得出"双创"教育的历年总评分。这样既能发现各维度层面的短板和不足，又能得出总体绩效结果。

根据式（3-1）对原始数据进行无量纲化的标准化处理，目的在于消除各指标在量纲、意义、形式方面的差异，进而对不同指标数据进行汇总和对比。再根据式（3-2）得出 4 个准则层指标的各自评分，根据式（3-3）得出目标层的总评分。

$$Y(X_{Di}) = \frac{X_{Di} - X_{min}}{X_{max} - X_{min}} \qquad (3\text{-}1)$$

$$Score_B = \sum_{i=1}^{n} W_{Di}^{B} \times Y(X_{Di}) \quad (n=1, 2, \cdots, 26) \qquad (3\text{-}2)$$

$$Score_A = \sum_{i=1}^{n} W_{Di}^{A} \times Y(X_{Di}) \quad (n=1, 2, \cdots, 26) \qquad (3\text{-}3)$$

$Y(X_{Di})$ 为方案层各指标实际值经过无量纲化处理后的标准值，X_{Di} 为该指标的实际值，X_{max} 为该指标时间数列区间的最大值，X_{min} 为该指标时间数列区间的最小值，$Score_B$、$Score_A$ 分别为准则层、目标层的评价得分。

（二）"双创"教育的四维绩效分别评分及总绩效评分

根据图 3-1，"互联网+"时代江西省应用型本科院校"双创"教育

的政府支持绩效评分从 2013 年的 0.5403 提高到 2017 年的 0.7105，尤其是 2015 年和 2016 年的评分很高，说明在 2015 年年初选定 10 所本科高校转型试点后，江西省从财政支持和组织保障方面均给予了倾斜支持，成效较显著。高校培养绩效评分总体最高，2013—2017 年历年评分依次为 0.7392、0.7502、0.8390、0.7250、0.8903，表明 10 所应用型本科院校对"双创"教育始终重视，支持和投入力度一直很大，2016 年评分偶发走低是由于 2015 年年初受批准为试点高校的政策红利影响，10 所高校集中采取了众多优化措施和落实行动，透支了 2016 年的一些预算和安排。学生参与绩效的评分则呈现快速上升趋势，从 2013 年的 0.5698 提高到 2017 年的 0.8302，出现这一现象的重要原因是 10 所应用型本科院校逐年扩大"双创"活动的学生参与面，降低参与门槛和难度，进而直接或间接优化各相应评价指标。尤其是 2015 年入选转型试点高校后，10 所高校均出台相应的配套激励措施，较快速地提升了学生参与层面的"双创"绩效。社会帮扶绩效的评分总体最低，表明社会力量参与学生"双创"活动还有很大的提升潜力，从当前的合作范围和深度来看，主要以发明、专利、设计等工科类合作为主，策划、财会、管理等文科类合作少，参与合作的社会机构主要局限于高校所在城市的社会机构，缺少跨市、跨省甚至跨国的社会机构合作。另外，高校自办的企业、研发院所、科教基地等也是开展"双创"教育的良好途径，但这 10 所应用型本科院校在该方面表现均一般。

由图 3-2 可知，在"互联网＋"深入发展、"大众创业、万众创新"席卷全国，以及本科院校改革转型的多重利好因素驱动下，2013—2017 年江西省应用型本科院校"双创"教育呈现积极向好的发展趋势，总绩效评分从 2013 年的 0.6436 提升到 2017 年 0.8173，特别是 2015 年以来整体提升幅度明显。从评分结果可以看出，"互联网＋"时代江西省应用型本科院校的"双创"教育已经从及格水平迈升到良好偏下水平（借鉴楚存坤等的评分划档方法，在重要程度上递进且遵循"上限不在本组内"的原则，将0.6分以下定为不及格、0.6（含）～0.7分定为及格、0.7（含）～0.8分定为中等、0.8（含）～0.9分定为良好、0.9分（含）以上定为优秀）。

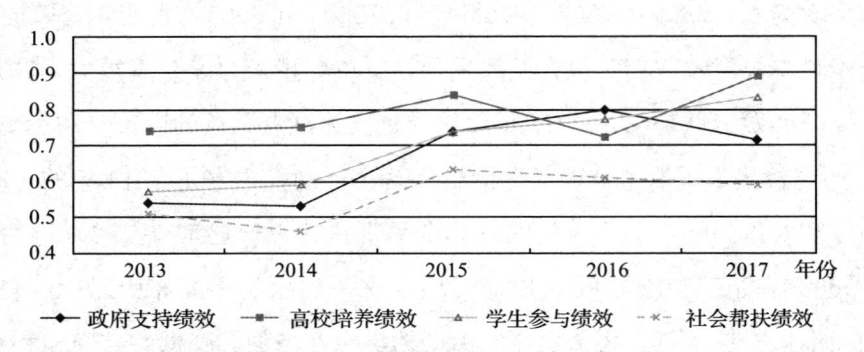

图3-1　2013—2017年四维层面驱动"双创"教育的绩效分别评分

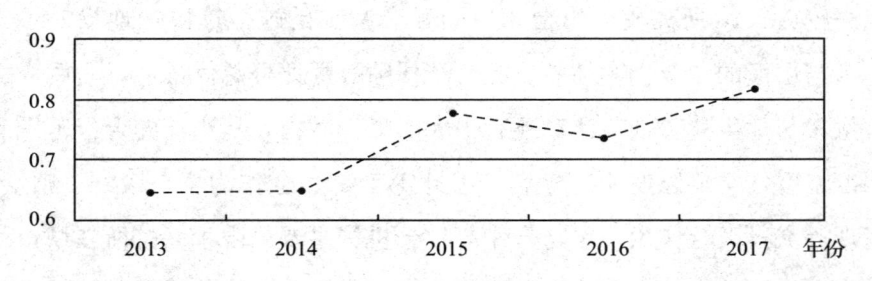

图3-2　2013—2017年江西省应用型本科院校"双创"教育总绩效评分

五、"互联网＋"时代"双创"教育优化提升策略

基于AHP方法的指标权重计算、四维绩效各自评分及"双创"教育总绩效评分结果，我们发现"互联网＋"时代江西省应用型本科院校要取得更好的绩效，需要整合优势资源和力量进行优化提升。总体来看，要构建以高校为主体的政府、高校、学生、社会"四位一体"协同耦合机制，凝聚力量共同驱动"双创"教育绩效提升。

第三章 "互联网＋"时代应用型本科院校"双创"教育绩效评价
——以江西省为例

1. 政府层面要做好顶层设计和引领

以创新型省份建设为一贯工作目标，江西省相关政府部门需持续重视"双创"教育发展。

（1）不断推动相关政策的制定、颁布和落实，而且要进一步将"双创"教育改革与推进写进规划纲要，形成政策文件，为省内应用型本科院校"双创"教育发展破除顶层政策与制度的束缚，营造有序、高效、公平、竞争发展的制度环境。

（2）积极给予财政支持，从税收优惠、资金扶持、课题经费、金融贷款、企业资助等方面创造条件，给予帮助。

（3）引领、组织开展丰富多彩的"双创"活动，在省内各高校间营造"双创"基地评选、"双创"竞赛比拼、"双创"业务培训、"双创"成果考评、"双创"经验交流的良好氛围。

（4）在全省发掘"双创"教育的先进典型、模式、事迹，发挥榜样的带动作用，有效利用"鲇鱼效应"激发应用型本科院校"双创"教育发展的活力。

2. 将"互联网＋"与传统教育方式深度融合

把"互联网＋"作为"双创"教育载体和工具，围绕"互联网＋"开展各种"双创"工作，将"互联网＋"优势与高校人才高地优势耦合关联，创新教育模式，切实将"互联网＋"融入"双创"教育的课堂教学、课程设计、师资培养、校园文化、实践实习、学生参与、平台建设等各个环节，不断依托"互联网＋"进行改革和创新，提高"双创"教育的效率和质量。

3. 建设高素质的"双创"教育师资队伍

教师是推动高校"双创"教育开展的基础和关键，是直面学生"双创"教育的授业者和培养者。江西省应用型本科院校的师资力量和素质还有待进一步提升，需要从以下方面开展工作。

（1）不断壮大"双创"教师从业队伍，坚持通过校内和校外、专职和兼职、"双师型"和"双能型"、校友力量和社会力量等途径选配导师。

（2）通过鼓励教师主持"双创"类教研和科研课题、指导大学生参加各类"双创"活动、参与企事业单位的一线实训实践、进行"双创"类教育培训等方式，提升教师的指导水平和教学能力。

（3）要从年度考核、职称评选、奖励分配、绩效考量等方面配套相应的政策激励，增强教师参与"双创"教育活动的热情和动力。

4. 提高学生的主体参与水平

大学生是受教育的客体，更是参与的主体。

（1）从扩大项目类型、提升资助支持数量、担任教师课题子课题成员、适当降低参与门槛等多途径给学生提供更多参与"双创"教育活动的机会，不能只注重对少数有意愿学生的教育培养。

（2）积极激发学生参与兴趣，从评优评奖、学分赋予、场地提供、竞赛开展、团队组建、社团扶持、经费保障等方面为学生参与"双创"活动提供便利，激发学生的"双创"热情和潜能。

（3）从培养机制改革、创新课程设置、虚拟平台构建、指导教师配置、讲座论坛开展、"双创"文化营造等方面为学生开展"双创"活动提供条件和机遇，提供一体化、"一条龙"式的教育服务，锻炼学生的实践能力、动手能力、思维能力。

5. 联络社会资源参与"双创"教育活动

（1）江西省应用型本科院校要积极发挥自身的主观能动性，充分利用和动员本校的社会资源、家长资源、校友资源等参与学校的"双创"教育活动。

（2）要从规章制度、办事程序、激励机制等方面进一步疏通参与渠道、创新参与形式、提供参与便利，紧密结合市场和社会需求开展"双创"教育和"双创"活动的宣传会、推介会、评选会、鉴定会，争取在与社会力量的合作中实现双赢。

（3）争取政府部门的针对性支持，出台专门激励政策和规定，鼓励、引导社会力量参与"双创"教育和"双创"活动。

第四章　应用型本科院校跨境电商"双创"教育的概况、评价及对策
——以广东省为例

一、引言

当前我国跨境电商发展规模和速度均成绩斐然,《2017—2018 中国跨境电商市场研究报告》的数据显示,2013—2017 年,中国跨境电商整体交易规模每年都迈升一个大台阶,呈跳跃式增长,历年规模总量分别为 2.9 万亿元、3.9 万亿元、5.1 万亿元、6.3 万亿元、7.6 万亿元,年均增长率达到 27.2%,后 4 年相应增量分别为 1 万亿元、1.2 万亿元、1.2 万亿元、1.3 万亿元。而 2018 年达到 9.0 万亿元,增长率为 18.4%,增量达 1.4 万亿元。纵观国内各省份跨境电商的发展情况,广东省无疑是国内跨境电商发展最具活力和潜力的省份,成为引领全国跨境电商发展的"领头羊"。其跨境电商发展无论是在商家数量、跨境电商交易规模及发展速度、商业模式创新等内部自身发展方面,还是在获批跨境电商综合试验区数量等外部政策支持方面,都已经在全国牢牢占据发展先机和显著优势。

我国跨境电商行业迅猛发展,但从业人员和专业技能人才的有效匹配供给严重不足,已经成为制约跨境电商持续、稳定、健康发展的桎梏。《2017 年度中国电子商务人才状况调查报告》的数据表明,2018—

2020年中国跨境电商相关领域的人才缺口将高达450万人，且2017年以39%的速度增加。作为国内跨境电商"排头兵"的广东省，其跨境电商发展同样面临着有效人才供给不足的问题，因为随着广东省跨境电商的优质高量发展，一方面对从业人员的数量和规模要求在持续提高；另一方面对从业人员技能水平的要求水涨船高，引致有效人才供给不足，造成了"人才荒"现象。广东省跨境电商行业亟须创新型、复合型、应用型和技术技能型人才的瓶颈问题尚未得到显著改善。

高校是为社会培养人才、输送人才的核心部门和重要基地，随着我国经济社会发展的多样性、复杂性、变革性特征日趋显著，社会对人才的异质性要求也在提高，特别是我国经济发展进入新常态后，随着产业升级和结构调整的不断高级化和合理化，各行业对创新型、复合型、应用型和技术技能型人才的需求逐年增加，为更好地适应社会的需求，高校人才培养结构亟须适时调整。基于此，国家做出了引导部分普通本科院校向应用型大学转变的改革决定，旨在助力新常态下包括创新创业、产业提质升级等在内的诸多国家级战略的顺利推进。应用型本科院校肩负着为社会输送高匹配度应用型人才的历史重任和时代使命，成为缓解有效人才供给不足问题的关键因素。

广东省在2016年审批通过包括广东金融学院在内的14所省内普通本科高校转型为应用型本科院校，而"双创"教育是应用型本科院校培养和输送创新型、复合型、应用型和技术技能型人才的关键载体和重要渠道，这14所应用型本科院校都高度重视并积极推进校内的"双创"教育工作，为顺应省内乃至全国跨境电商发展的需求，重点围绕跨境电商"双创"教育开展了一系列工作。广东省作为全国跨境电商业务发展最优质突出的省份，以其为例进行的研究将具有更强代表性、引领性、示范性。本部分的研究将应用型本科院校与"双创"教育相结合，选取跨境电商作为视域切入点展开探究，聚焦于广东省应用型本科院校跨境

第四章　应用型本科院校跨境电商"双创"教育的概况、评价及对策
——以广东省为例

电商的"双创"教育，试图得出现阶段应用型本科院校跨境电商"双创"教育的绩效情况，为助力广东省乃至全国跨境电商业务发展提出建议。

本部分研究的主要特色包括：①在"互联网＋"时代背景下，将跨境电商人才需求、应用型本科院校、"双创"教育三者耦合关联进行研究是本部分研究的最大特色，现有文献缺少将三者相关联的研究成果。②现有文献多从宏观的国家整体层面或者微观的个体高校层面进行跨境电商"双创"教育的研究，缺少中观省域层面的研究。本部分的研究选取广东省作为研究地域范围，以该省内的应用型本科院校作为对象，研究较新颖。③现有文献对"双创"绩效等指标体系的设定多选择笼统的定性指标，递阶层级多为三个层级。本部分的研究对"双创"教育评估指标体系的设定以定量指标集为主，指标更加具体、细致，客观性及量化性强，并扩展到四个层级指标。另外，本部分的研究也具有较强的理论意义和现实意义，其中对评估指标体系构建的理论意义更强，而现实意义体现在微观院校、中观省域和宏观国家层面。微观意义主要是有助于实现应用型本科院校应用型人才输送（供给端）与跨境电商企业需求（需求端）的精准匹配；中观意义是以广东省为个案的研究，为该省应用型本科院校跨境电商"双创"教育如何更好地开展提供了依据；宏观意义在于，对助推创新创业、产业提质升级等诸多国家级战略有辅助意义。

二、广东省应用型本科院校跨境电商"双创"教育发展概况

尽管广东省应用型本科院校的试点工作已经于 2016 年布局启动，但相较而言，其起步建设并没有走在全国前列，例如与其毗邻的江西省早在 2014 年就启动开展应用型本科院校的摸底申报工作，2015 年初就评选出了 10 所转型试点高校。而广东省直到 2016 年下半年才正式发布

向应用型本科院校转型的相关实施意见,并确定 14 所试点院校,分别是广东金融学院、广东财经大学、广东技术师范大学、广东石油化工学院、肇庆学院、惠州学院、岭南师范学院、五邑大学、电子科技大学中山学院、吉林大学珠海学院、北京理工大学珠海学院、中山大学南方学院、北京师范大学珠海分校、广东白云学院。这些试点高校在办学属性、办学实力、办学特色和地域分布等方面有较大差别,试点效果可以得到进一步增强。

限于搜集数据资料的难度大,并考虑到应用型本科院校的异质性和代表性,采用典型抽样和重点抽样相结合的方法从 14 所转型试点高校中选取广东金融学院、岭南师范学院、广东技术师范大学、吉林大学珠海学院、广东白云学院 5 所高校作为研究样本。通过数据搜集、文献整理、实地调研等方法得到大量间接资料和直接资料,发现这 5 所应用型本科院校跨境电商"双创"教育发展的概况如下。

(一) 都成立了专门的创新创业二级教学单位

样本高校都十分重视"双创"教育工作,针对应用型本科院校的定位特点,在校内原有的就业创业中心、创新创业指导中心等部门的基础上,顶层规划成立了专门的创新创业二级教学单位,比如创业教育学院(广东金融学院)、创新创业学院(广东技术师范大学、吉林大学珠海学院和广东白云学院),或创新创业教育学院(岭南师范学院)。设立专门的二级教学单位是对原有分散行政单位的整合和升级,对整合、协调、联系校内、外资源和促进"双创"教育的积极作用极大,能够更有效地从政策、资金、设施配备等多维层面专注引领高校的"双创"教育发展,同时也能对外代表学校参加诸如跨境电商校企合作交流会等研讨、共建活动,进一步给本校的"双创"教育带来新思路、新动态和新路径。

（二）不断将相关专业向跨境电商的培养方向关联、靠拢

观察样本学校的国际经济与贸易、电子商务、国际商务、商务外语、物流管理等能直接为跨境电商提供较高匹配度人才的专业，发现样本学校在师资配套方面，都通过邀请校内、外专家把关和绩效奖励等方式积极鼓励本专业教师主持和参与跨境电商相关的教研和科研项目，同时不断评选、聘任"双师双能型"教师，鼓励教师通过工程实践、社会锻炼等方式增加对跨境电商业务的了解。在课程设置方面，积极开设与跨境电商相关的理论课程和实践课程，面向市场需求培养跨境电商方向的学生。在激励政策方面，从学分赋予、评优评先、市场推介、就业推荐等方面激励学生参与跨境电商创新创业，对专注跨境电商工作的教师在职称评定、绩效考核等方面给予政策倾斜。

（三）鼓励学生提升自身的跨境电商创新创业能力和潜力

样本高校都为本校"双创"教育提供了诸如大学生创新创业园、创业孵化园、跨境电商实训室等机构和平台，鼓励在校学生依托"挑战杯"课外学术竞赛、创业计划大赛、创新创业项目，以及跨境电商技能大赛等国家级、省级和校级的比赛，开展各种跨境电商创新创业活动。同时也引导学生参与教师的跨境电商科研项目，或者自己申报大学生创新创业课题，积极撰写或发表跨境电商类调研报告、学术论文。在学校政策、资金、奖励及就业压力等多重刺激下，样本学校学生参与"双创"活动的积极性不断提高，相关专业学生参与跨境电商"双创"活动的人数占本专业学生总数的比重逐年稳步提高，2016年该比重为46.37%，2017年达到53.63%，2018年接近60%。

（四）积极构建跨境电商"学校—社会"合作关系，让师生走出去，将社会资源请进来

样本高校都高度重视省市、学校、师生、校友等各种跨境电商社会关系，基于这些社会关系积极与校外的跨境电商组织、部门、企业联系，构建起"学校—社会"合作的育人机制。通过积极组织和输送师生到开展跨境电商业务的电子商务公司、商贸公司、供应链服务公司等进行走访调研、挂职锻炼、社会实践等方式，深入了解跨境电商组织、部门、企业对人才需求的侧重点，以及类型和规模等，及时按需培养，提供对口的高匹配度人才，帮助整个跨境电商行业提高用人效率和质量，助力广东省跨境电商整个上下游行业链的发展。

三、基于模糊层次分析法的发展评价

在广东省乃至全国跨境电商跨越式发展正面临人才不足约束的大背景下，以创新型、复合型、应用型和技术技能型人才培养为目标的应用型本科院校，特别是与跨境电商直接相关的一些专业需要通过"双创"教育为社会输送适配性强的高质量从业人员，从而实现高校人才供给侧与社会企业需求端之间的匹配。但现阶段应用型本科院校跨境电商"双创"教育的发展绩效情况如何尚未可知，本部分的研究选取国内跨境电商发展最为突出的广东省为研究个案，对该省的应用型本科院校跨境电商"双创"教育的发展绩效进行评价，进而为提出有针对性的优化措施提供学术基础和依据。

本章首先基于对广东省应用型本科院校跨境电商"双创"教育发展先决条件和取得成绩的思考，从这两方面选取指标构建评价指标体系。然后利用模糊层次分析法进行"双创"教育发展绩效的实证分析，具体实证步骤依次为构建判断矩阵并计算权重、确定评语等级

第四章 应用型本科院校跨境电商"双创"教育的概况、评价及对策
——以广东省为例

集、构建模糊评价矩阵、计算模糊综合评价集,以及换算得出各层级的分别评分。

(一)评价体系构建

观察图 4-1 可知,评价指标体系自左至右分四大层级依次展开。研究的总目标 A 为应用型本科院校跨境电商"双创"教育发展绩效,总目标 A 由一级指标 B 包含的政府扶持 B_1、高校培养 B_2、学生自身 B_3、社会合作 B_4 构成。二级指标 C 细分出 10 个具体的方面,分别对应一级

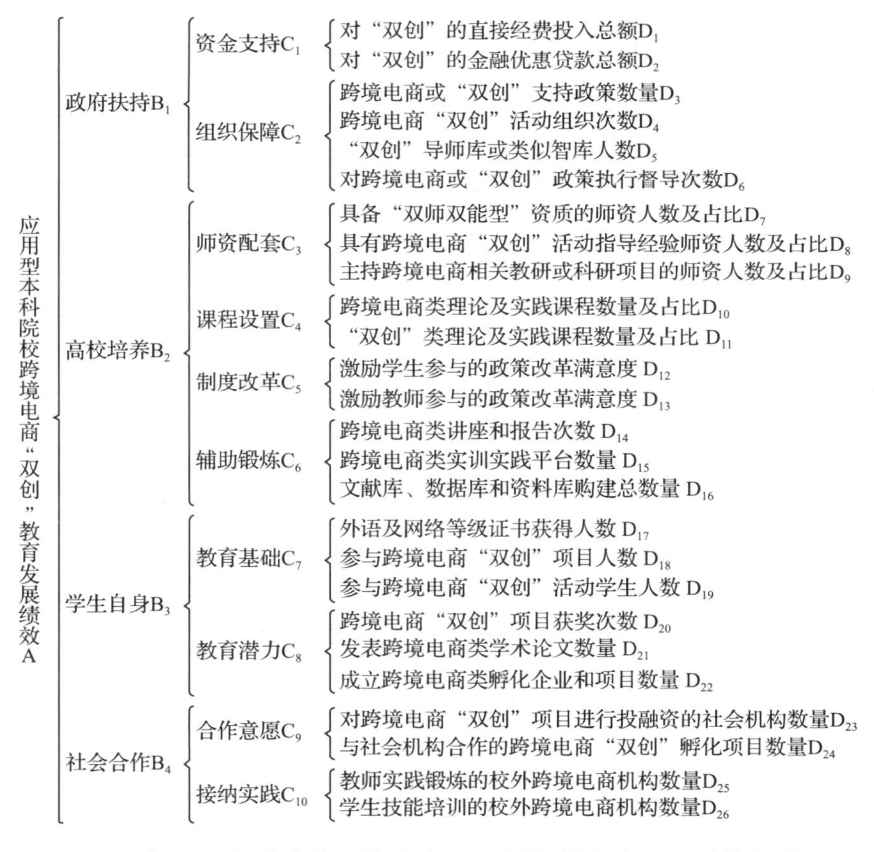

应用型本科院校跨境电商"双创"教育发展绩效 A
- 政府扶持 B_1
  - 资金支持 C_1
    - 对"双创"的直接经费投入总额 D_1
    - 对"双创"的金融优惠贷款总额 D_2
  - 组织保障 C_2
    - 跨境电商或"双创"支持政策数量 D_3
    - 跨境电商"双创"活动组织次数 D_4
    - "双创"导师库或类似智库人数 D_5
    - 对跨境电商或"双创"政策执行督导次数 D_6
- 高校培养 B_2
  - 师资配套 C_3
    - 具备"双师双能型"资质的师资人数及占比 D_7
    - 具有跨境电商"双创"活动指导经验师资人数及占比 D_8
    - 主持跨境电商相关教研或科研项目的师资人数及占比 D_9
  - 课程设置 C_4
    - 跨境电商类理论及实践课程数量及占比 D_{10}
    - "双创"类理论及实践课程数量及占比 D_{11}
  - 制度改革 C_5
    - 激励学生参与的政策改革满意度 D_{12}
    - 激励教师参与的政策改革满意度 D_{13}
  - 辅助锻炼 C_6
    - 跨境电商类讲座和报告次数 D_{14}
    - 跨境电商类实训实践平台数量 D_{15}
    - 文献库、数据库和资料库购建总数量 D_{16}
- 学生自身 B_3
  - 教育基础 C_7
    - 外语及网络等级证书获得人数 D_{17}
    - 参与跨境电商"双创"项目人数 D_{18}
    - 参与跨境电商"双创"活动学生人数 D_{19}
  - 教育潜力 C_8
    - 跨境电商"双创"项目获奖次数 D_{20}
    - 发表跨境电商类学术论文数量 D_{21}
    - 成立跨境电商类孵化企业和项目数量 D_{22}
- 社会合作 B_4
  - 合作意愿 C_9
    - 对跨境电商"双创"项目进行投融资的社会机构数量 D_{23}
    - 与社会机构合作的跨境电商"双创"孵化项目数量 D_{24}
  - 接纳实践 C_{10}
    - 教师实践锻炼的校外跨境电商机构数量 D_{25}
    - 学生技能培训的校外跨境电商机构数量 D_{26}

图 4-1 应用型本科院校跨境电商"双创"教育发展评价指标体系

指标的 B_1、B_2、B_3、B_4 四个方面，二级指标 B 是承接一级指标 A 和开启三级指标 C 的纽带。三级指标 D 是最基础的评价指标，是本章调查研究的参照基础和依据，具体由 26 个指标构成。三级指标 D 的原始数据是通过对广东省相关政府部门、行业联盟协会、公开的年鉴公报、样本高校具体院系的走访调研，搜集间接资料和直接资料整理而得到的，这些数据是采用德尔菲法请专家进行评判比较的依据。研究选取的时间序列段是 2016—2018 年，横截面是广东省的 5 所样本应用型本科院校，联合构成供专家打分比较的面板数据。

（二）根据评级体系构建判断矩阵并计算权重

构建不同层级间的判断矩阵，构建原则是上一层级指标 ξ_i 与下一层级指标 Ψ_j 构成不同的判断矩阵，以此计算整个评价体系包括 15 个判断矩阵，分别为

$$A = [B_1 \quad B_2 \quad B_3 \quad B_4]^T$$

$$B_1 = [C_1 \quad C_2]^T$$

$$B_2 = [C_3 \quad C_4 \quad C_5 \quad C_6]^T$$

$$B_3 = [C_7 \quad C_8]^T$$

$$B_4 = [C_9 \quad C_{10}]^T$$

$$C_1 = [D_1 \quad D_2]^T$$

$$C_2 = [D_3 \quad D_4 \quad D_5 \quad D_6]^T$$

$$C_3 = [D_7 \quad D_8 \quad D_9]^T$$

$$C_4 = [D_{10} \quad D_{11}]^T$$

$$C_5 = [D_{12} \quad D_{13}]^T$$

$$C_6 = [D_{14} \quad D_{15} \quad D_{16}]^T$$

$$C_7 = [D_{17} \quad D_{18} \quad D_{19}]^T$$

第四章 应用型本科院校跨境电商"双创"教育的概况、评价及对策
——以广东省为例

$$C_8 = [D_{20} \quad D_{21} \quad D_{22}]^T$$

$$C_9 = [D_{23} \quad D_{24}]^T$$

$$C_{10} = [D_{25} \quad D_{26}]^T \text{。}$$

各判断矩阵的权重计算是后续进行模糊层次计算的基础。采用德尔菲法邀请创新创业教育、电子商务、国际贸易等领域的10名学者按照"1~9值打分法",对每个判断矩阵中所含指标进行两两间的重要性比较,越重要的指标打分越接近数值9,最大值为9;越轻微的指标打分越接近数值1,最小值为1(见表4-1)。

表4-1 ξ_i、ψ_j 指标两两重要性比较的1~9值打分法

分值	ξ_i、ψ_j 比较的含义阐释	分值	ξ_i、ψ_j 比较的含义阐释
1	ξ_i、ψ_j 同等重要	1/1	ξ_i、ψ_j 同等重要
2	上下相邻重要性的均值	1/2	上下相邻重要性的均值
3	ξ_i 略微重要于 ψ_j	1/3	ψ_j 略微重要于 ξ_i
4	上下相邻重要性的均值	1/4	上下相邻重要性的均值
5	ξ_i 较大重要于 ψ_j	1/5	ψ_j 较大重要于 ξ_i
6	上下相邻重要性的均值	1/6	上下相邻重要性的均值
7	ξ_i 很大重要于 ψ_j	1/7	ψ_j 很大重要于 ξ_i
8	上下相邻重要性的均值	1/8	上下相邻重要性的均值
9	ξ_i 极大重要于 ψ_j	1/9	ψ_j 极大重要于 ξ_i

根据10位学者对15个判断矩阵的打分结果可以计算出每个矩阵的权重,由于所有判断矩阵的一致性(比例)CR值都小于1/10,说明15个判断矩阵的权重都具有较强的一致性,矩阵构建满意可靠。其中总目标和一级指标的权重为

$$WAB = [0.1481 \quad 0.4981 \quad 0.2491 \quad 0.1047]$$

4个一级指标和各自下辖的二级指标的权重分别为

$WB_1C = [0.5000 \quad 0.5000]$

$WB_2C = [0.3963 \quad 0.3832 \quad 0.0654 \quad 0.1550]$

$WB_3C = [0.2500 \quad 0.7500]$

$WB_4C = [0.6667 \quad 0.3333]$

10个二级指标和各自下辖的三级指标的权重分别为

$WC_2D = [0.4233 \quad 0.3699 \quad 0.0571 \quad 0.1497]$

$WC_3D = [0.1007 \quad 0.6738 \quad 0.2255]$

$WC_4D = [0.7500 \quad 0.2500]$

$WC_5D = [0.5000 \quad 0.5000]$

$WC_6D = [0.2385 \quad 0.6250 \quad 0.1365]$

$WC_7D = [0.1220 \quad 0.2297 \quad 0.6483]$

$WC_8D = [0.3445 \quad 0.1085 \quad 0.5469]$

$WC_9D = [0.7500 \quad 0.2500]$

$WC_{10}D = [0.5000 \quad 0.5000]$

（三）设定评语等级并建立模糊评价矩阵

借鉴陈灿煌（2018）、桂杨和张梦圆（2018）的评语等级设定方法，结合本部分研究的实际情况，设定自高至低非常满意S_1、比较满意S_2、一般满意S_3、不太满意S_4、仍不满意S_5共5级的评语等级S，5类等级对应的分值区间分别为$S_1 = [+\infty, 90)$，$S_2 = [90, 80)$，$S_3 = [80, 70)$，$S_4 = [70, 60)$，$S_5 = [60, -\infty]$。

将评价指标体系的三级指标D与评语等级S耦合关联，建立模糊评价矩阵M。M由各三级指标D_i隶属的不同评语等级结果的比重组成，具体操作方法还是请上述10位专家对26个三级指标D_i的隶属等级分别进行打分，然后统计隶属等级个数再除以专家人数，得到比重数值（见表4-2）。

第四章 应用型本科院校跨境电商"双创"教育的概况、评价及对策
——以广东省为例

表 4-2 对三级指标打分后隶属评语等级归类个数占评判专家数量的比重

三级指标	评语等级 S					三级指标	评语等级 S				
	S_1	S_2	S_3	S_4	S_5		S_1	S_2	S_3	S_4	S_5
D_1	0.05	0.4	0.45	0.1	0	D_{14}	0.25	0.3	0.45	0	0
D_2	0.1	0.15	0.5	0.25	0	D_{15}	0.2	0.35	0.45	0	0
D_3	0.25	0.3	0.45	0	0	D_{16}	0.35	0.35	0.25	0.05	0
D_4	0	0.25	0.45	0.25	0.05	D_{17}	0.1	0.25	0.45	0.2	0
D_5	0	0.3	0.55	0.1	0.05	D_{18}	0.25	0.25	0.4	0.1	0
D_6	0.1	0.55	0.2	0.15	0	D_{19}	0.15	0.45	0.3	0.1	0
D_7	0.2	0.3	0.45	0.05	0	D_{20}	0	0.15	0.3	0.5	0.05
D_8	0.25	0.5	0.25	0	0	D_{21}	0.1	0.3	0.35	0.25	0
D_9	0.3	0.5	0.2	0	0	D_{22}	0	0.25	0.45	0.15	0.15
D_{10}	0	0.15	0.4	0.4	0.05	D_{23}	0.1	0.1	0.3	0.45	0.05
D_{11}	0	0.3	0.45	0.25	0	D_{24}	0	0.15	0.55	0.15	0.15
D_{12}	0.25	0.45	0.25	0.05	0	D_{25}	0.15	0.3	0.3	0.25	0
D_{13}	0	0.25	0.5	0.2	0.05	D_{26}	0	0.25	0.6	0.1	0.05

由表 4-2 整理得到三级指标 D_i 的模糊评价矩阵 M_{i-j} 如下：

$$M_{1-2} = \begin{bmatrix} 0.05 & 0.4 & 0.45 & 0.1 & 0 \\ 0.1 & 0.15 & 0.5 & 0.25 & 0 \end{bmatrix}$$

$$M_{3-6} = \begin{bmatrix} 0.25 & 0.3 & 0.45 & 0 & 0 \\ 0 & 0.25 & 0.45 & 0.25 & 0.05 \\ 0 & 0.3 & 0.55 & 0.1 & 0.05 \\ 0.1 & 0.55 & 0.2 & 0.15 & 0 \end{bmatrix}$$

$$M_{7-9} = \begin{bmatrix} 0.2 & 0.3 & 0.45 & 0.05 & 0 \\ 0.25 & 0.5 & 0.25 & 0 & 0 \\ 0.3 & 0.5 & 0.2 & 0 & 0 \end{bmatrix}$$

$$M_{10-11} = \begin{bmatrix} 0 & 0.15 & 0.4 & 0.4 & 0.05 \\ 0 & 0.3 & 0.45 & 0.25 & 0 \end{bmatrix}$$

$$M_{12-13} = \begin{bmatrix} 0.25 & 0.45 & 0.25 & 0.05 & 0 \\ 0 & 0.25 & 0.5 & 0.2 & 0.05 \end{bmatrix}$$

$$M_{14-16} = \begin{bmatrix} 0.25 & 0.3 & 0.45 & 0 & 0 \\ 0.2 & 0.35 & 0.45 & 0 & 0 \\ 0.35 & 0.35 & 0.25 & 0.05 & 0 \end{bmatrix}$$

$$M_{17-19} = \begin{bmatrix} 0.1 & 0.25 & 0.45 & 0.2 & 0 \\ 0.25 & 0.25 & 0.4 & 0.1 & 0 \\ 0.15 & 0.45 & 0.3 & 0.1 & 0 \end{bmatrix}$$

$$M_{20-22} = \begin{bmatrix} 0 & 0.15 & 0.3 & 0.5 & 0.05 \\ 0.1 & 0.3 & 0.35 & 0.25 & 0 \\ 0 & 0.25 & 0.45 & 0.15 & 0.15 \end{bmatrix}$$

$$M_{23-24} = \begin{bmatrix} 0.1 & 0.1 & 0.3 & 0.45 & 0.05 \\ 0 & 0.15 & 0.55 & 0.15 & 0.15 \end{bmatrix}$$

$$M_{25-26} = \begin{bmatrix} 0.15 & 0.3 & 0.3 & 0.25 & 0 \\ 0 & 0.25 & 0.6 & 0.1 & 0.05 \end{bmatrix}$$

第四章　应用型本科院校跨境电商"双创"教育的概况、评价及对策
——以广东省为例

（四）计算模糊综合评价集

分别计算二级指标、一级指标和总目标的模糊综合评价集 VC、VB 和 VA。其中，二级指标的模糊综合评价集依据式（4-1）、一级指标的模糊综合评价集依据式（4-2）、总目标的模糊综合评价集依据式（4-3）进行计算。

$$VC_i = WCD_i \times M = [WCD_1 \quad WCD_2 \quad \cdots \quad WCD_i][M_1 \quad M_2 \quad \cdots \quad M_i]^T \tag{4-1}$$

$$VB_i = WBC_i \times VC_i = [WBC_1 \quad WBC_2 \quad \cdots \quad WBC_i][VC_1 \quad VC_2 \quad \cdots \quad VC_i]^T \tag{4-2}$$

$$VA = WAB_i \times VB_i = [WAB_1 \quad WAB_2 \quad \cdots \quad WAB_i][VB_1 \quad VB_2 \quad \cdots \quad VB_i]^T \tag{4-3}$$

计算结果分别如下：

$$VC = \begin{bmatrix} VC_1 \\ VC_2 \\ VC_3 \\ VC_4 \\ VC_5 \\ VC_6 \\ VC_7 \\ VC_8 \\ VC_9 \\ VC_{10} \end{bmatrix} = \begin{bmatrix} 0.0875 & 0.2125 & 0.4875 & 0.2125 & 0 \\ 0.1208 & 0.3189 & 0.4183 & 0.1206 & 0.0214 \\ 0.2562 & 0.4799 & 0.2589 & 0.0050 & 0 \\ 0 & 0.1875 & 0.4125 & 0.3625 & 0.0375 \\ 0.1250 & 0.3500 & 0.3750 & 0.1250 & 0.0250 \\ 0.2324 & 0.3381 & 0.4227 & 0.0068 & 0 \\ 0.1669 & 0.3797 & 0.3413 & 0.1122 & 0 \\ 0.0109 & 0.2210 & 0.3874 & 0.2814 & 0.0993 \\ 0.0750 & 0.1125 & 0.3625 & 0.3750 & 0.0750 \\ 0.0750 & 0.2750 & 0.4500 & 0.1750 & 0.0250 \end{bmatrix}$$

$$VB = \begin{bmatrix} VB_1 \\ VB_2 \\ VB_3 \\ VB_4 \end{bmatrix} = \begin{bmatrix} 0.1041 & 0.2657 & 0.4529 & 0.1666 & 0.0107 \\ 0.1457 & 0.3373 & 0.3507 & 0.1501 & 0.0160 \\ 0.0499 & 0.2606 & 0.3759 & 0.2391 & 0.0744 \\ 0.0750 & 0.1667 & 0.3917 & 0.3083 & 0.0583 \end{bmatrix}$$

$$VA = [0.1083 \quad 0.2897 \quad 0.3764 \quad 0.1913 \quad 0.0342]$$

（五）换算得出各层级的分别评分

为了便于计算，令 $R_1=95$，$R_2=85$，$R_3=75$，$R_4=65$，$R_5=55$ 分别代表 S_1、S_2、S_3、S_4、S_5 的分值区间，则 R= {95，85，75，65，55}。

总目标得分 $SA = VA \times R^T = 0.1083 \times 95 + 0.2897 \times 85 + 0.3764 \times 75 + 0.1913 \times 65 + 0.0342 \times 55 = 77.46$

同理，一级指标的得分分别是：$SB_1 = VB_1 \times R^T = 77.86$，$SB_2 = VB_2 \times R^T = 79.46$，$SB_3 = VB_3 \times R^T = 74.72$，$SB_4 = VB_4 \times R^T = 73.92$。二级指标的得分分别是：$SC_1 = VC_1 \times R^T = 76.75$，$SC_2 = VC_2 \times R^T = 78.97$，$SC_3 = VC_3 \times R^T = 84.88$，$SC_4 = VC_4 \times R^T = 72.5$，$SC_5 = VC_5 \times R^T = 79.25$，$SC_6 = VC_6 \times R^T = 82.96$，$SC_7 = VC_7 \times R^T = 81.01$，$SC_8 = VC_8 \times R^T = 72.62$，$SC_9 = VC_9 \times R^T = 72.38$，$SC_{10} = VC_{10} \times R^T = 77$。

分析实证结果可知，以广东金融学院、岭南师范学院、广东技术师范大学、吉林大学珠海学院、广东白云学院 5 所高校为研究样本的应用型本科院校跨境电商"双创"教育在 2016—2018 年期间的绩效评价等级为一般满意，分值为 77.46 分。4 个一级指标政府扶持、高校培养、学生自身、社会合作的评分分别为 77.86 分、79.46 分、74.72 分、73.92 分，均为一般满意，但相较而言政府扶持绩效和高校培养绩效略好，学生自身绩效和社会合作绩效偏弱。10 个二级指标资金支持、组织保障、师资配套、课程设置、制度改革、辅助锻炼、教育基础、教育潜力、合作意愿、接纳实践的评分分别为 76.75 分、78.97 分、84.88 分、

72.5 分、79.25 分、82.96 分、81.01 分、72.62 分、72.38 分和 77 分，没有分值落在非常满意和仍不满意的区间内，其中师资配套、辅助锻炼、教育基础的评分达到比较满意等级，其他二级指标的评分都属于一般满意等级。

整体来看，广东省应用型本科院校跨境电商"双创"教育各项指标发展相对均衡，没有明显的短板，但亦无显著优势指标，评分大致处在一般满意区间，这与广东省跨境电商在全国的"领头羊"地位不相称、不匹配，会拖累、制约对跨境电商人才的有效供给。因此亟待深挖发展潜力，加快推进广东省应用型本科院校跨境电商"双创"教育的优质快速发展。

四、应用型本科院校跨境电商"双创"教育的优化对策

结合实证结果和广东省"双创"教育实际，今后广东省应用型本科院校跨境电商"双创"教育要取得更佳绩效结果，至少需要在政府和高校两大层面继续开展优化工作。

在政府层面，广东省各级政府部门要积极为加快应用型本科院校"双创"教育发展创造机遇和条件，围绕跨境电商人才供给不足的约束问题，继续多方、多渠道筹措资金，对省内应用型本科院校在入学招生、教研科研、学科建设、业绩评估等方面给予持续的财政资金支持，保证支持的力度和强度，同时适度放权，在岗位设置、人事招聘、绩效分配等方面赋予应用型本科院校灵活自主处置权。另外，政府应牵头、支持应用型本科院校联盟的建设，为应用型本科院校的互联互通提供交流、切磋平台，持续为省内应用型本科院校跨境电商"双创"教育的发展提供重要的政府推动力。

在高校层面，至少要从高校自身、学生培养和社会合作三方面做足工作。针对高校自身问题，应用型本科院校要切实转变以往重理论轻实

践的传统育人模式，根据创新型、复合型、应用型和技术技能型人才的培养目标，从师资配置、课程体系、激励制度、硬件建设等方面向包括跨境电商在内的"双创"教育工作倾斜，更加重视在创新环节、应用环节对人才的培养。在开展跨境电商"双创"教育的过程中，应用型本科院校要切实将跨境电商的业务训练和实践操作落到实处，力求避免由于需求和供给不匹配造成的结构性"用工荒"问题。此外，广东省应用型本科院校要结合地域优势，借助粤港澳大湾区的跨境电商平台建设机遇，专门培养能够服务于粤港澳大湾区跨境电商发展的人才。在学生培养方面，首先，高校要疏通学生参与"双创"活动的渠道，实施激励学生参与"双创"活动的鼓励政策；其次，树立"双创"活动的典型，发挥榜样的带动作用；再次，要帮助学生构想和寻找创新创业项目，帮助、辅导学生申请创新创业的场所、设备、资金、人员支持等，为开展跨境电商"双创"教育提供良好的氛围和环境。在社会合作方面，应用型本科院校要做好对跨境电商组织、部门、企业人员需求动态的跟踪调查，了解市场的人才需求动态，再有针对性地进行校内紧缺专业和非紧缺专业学生人数的调增或缩减。同时强化校企合作，既要引进校外资源入校，聘请跨境电商企业的业务骨干在校内开展讲座、宣传，并通过联合培养、接受社会资金支持、实验室共建等方式加深合作；也要鼓励师生走出校门深入一线企业部门，借助社会资源平台对学生进行实训锻炼，通过相互了解来提高双向选择成功的概率。

第五章　应用型本科院校外贸类专业跨境电商"双创"人才培养条件

一、引言

在"互联网＋"时代，借助高效、开放、协同、集成、智能的"互联网＋"优势和红利，电商和跨境物流发展深度耦合关联，将跨境电商带入崛起之路和创新前沿，革新了传统外贸的交易手段和结算方式，引致跨境电商贸易不断成长并迅速壮大，成为驱动中国乃至全球贸易蓬勃发展的重要法宝之一，特别是成为中国外贸自由化、便利化、规模化多维度纵深发展的新动能和新引擎。《2017—2018中国跨境电商市场研究报告》的数据显示，2013—2017年中国跨境电商整体交易规模每年都迈升一个大台阶，呈跳跃式增长，历年规模总量分别为2.9万亿元、3.9万亿元、5.1万亿元、6.3万亿元、7.6万亿元，年均增长率达到27.2%，后4年相应增量分别为1万亿元、1.2万亿元、1.2万亿元、1.3万亿元；2018年达到了9.0万亿元，增长率为18.4%，增量达1.4万亿元。

跨境电商市场的兴旺态势引致的直接问题就是创新人才、高质量人才和从业人员紧缺。应用型本科院校是人才培养和输送的主要基地，在"大众创业，万众创新"时代，基于创新创业进行人才培养是解决从业人才短板的重要路径之一。如何借助创新创业相关优惠政策和便利措施，培养出助力跨境电商持续发展的创新创业人才（以下简称"双创"

人才），则成为应用型院校的时代责任。以"互联网＋"为载体和工具的跨境电商与传统外贸方式迥异，因而对从业人才的需求也与以往的人才要求有显著差异。现有传统贸易框架下的人才培养模式已不能真正满足跨境电商对"懂贸易、通网络、精外语、具实战、有创新"的复合型和高质量人才的需求，故需基于跨境电商的异质性，在应用型本科院校诸多专业中选择最贴近跨境电商需求的外贸类专业进行"双创"人才培养，才能有效应对跨境电商大发展带来的人才培养的新机遇、新挑战、新要求，培养出更符合跨境电商行业需求的人才。院校外贸类专业人才培养如何用好创新创业的利好大环境，跨境电商"双创"人才培养面临的实施条件如何等问题亟待学界的深入研究。

应用型本科院校建设是继中西部高等教育振兴计划之后，中国在高等教育领域设立的又一项重大工程，是以"双创"人才培养为主要办学目标，以学生的创新思维和创业技能提升为主要办学方向和特色的院校类别，这使其能够较好地与学术型、研究型本科院校展开错位竞争，差异化进行人才培养。而应用型本科院校的外贸类专业是直面跨境电商贸易需求的对口专业，该类专业的学生在理论学习、贸易实务、外语交流等方面相较其他专业的学生更具专业优势，因而更易培养成为跨境电商所需的"双创"人才。但应用型本科院校外贸类专业进行跨境电商"双创"人才培养的实施条件如何尚有待研究。本部分的研究聚焦于这一问题，综合采用调查法、德尔菲法、层次分析法和模糊数学法对江西省应用型本科院校跨境电商"双创"人才的培养条件进行评价，力争找出既有培养条件中的短板和不足，为今后创造良好的人才培养条件提供学术参考。

本章研究的主要特色包括：①在"互联网＋"时代背景下，将应用型本科院校、外贸类专业人才培养、跨境电商"双创"教育三者耦合关联进行研究是最大特色，现有文献缺少三者相关联的研究成果。

②现有文献多从宏观的国家层面或者微观的个体院校层面进行跨境电商创新创业的研究，缺少中观省域层面的研究。本章研究选取江西省作为研究地域，以该省内所有应用型本科院校作为对象的研究较新颖。③现有文献对创新创业绩效评估指标体系的设定多选择笼统的定性指标，递阶层级多为三级指标。本章对评估指标体系的设定以定量指标集为主，指标更加具体、细致，客观性及量化性强，并扩展到四级指标。本章研究也具有较强理论意义和现实意义，其中对影响因素的机理分析和评估指标体系构建的理论意义更强，而现实意义更多体现在微观、中观和宏观层面。微观意义主要是有助于实现应用型本科院校外贸类专业人才输送与跨境电商企业需求的精准匹配；中观意义是以江西省为个案的研究，为该省应用型本科院校跨境电商"双创"人才培养如何更好地优化培养条件提供了依据；宏观意义是响应了我国鼓励更多社会主体投身创新创业的号召，对我国实现迈入创新型国家行列目标有辅助意义。

二、应用型本科院校跨境电商"双创"人才培养影响因素

跨境电商的飞速发展为外贸类专业的人才培养提供了契机、指明了方向，创新创业为应用型本科院校输出跨境电商人才提供了途径和思路，跨境电商创新创业成为连接政府规划、院校培养、学生发展、社会需求的纽带。跨境电商"双创"人才培养是一项涉及多维力量耦合协作的系统教育工程，受各方因素短期、中期、长期的统筹规划，微观、中观、宏观层面因素的制约，以及内外部力量和主客观因素的掣肘（见图5-1）。

下面从政府、院校、学生、社会四个层面进行具体的影响定位及分析。

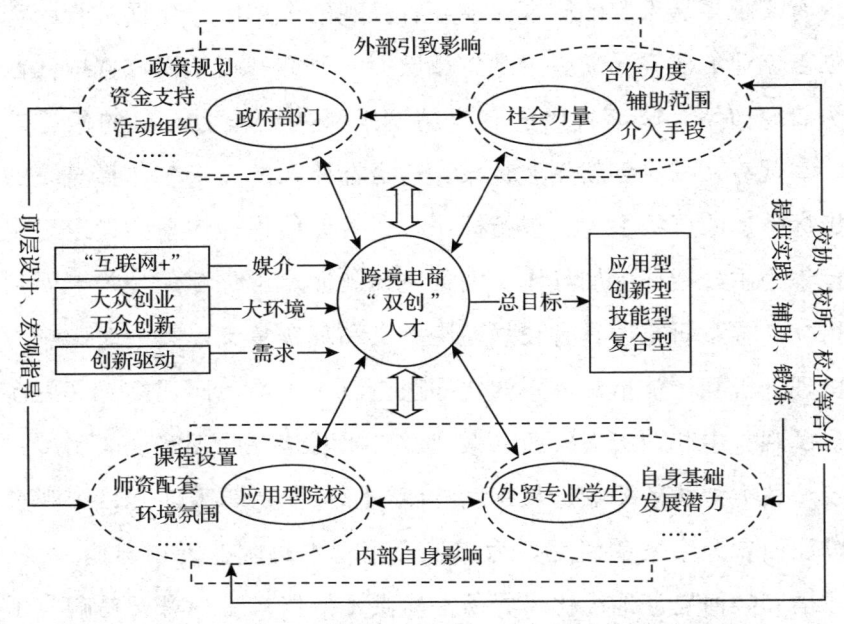

图 5-1　跨境电商"双创"人才培养影响因素的耦合关系

（一）政府因素：主要的外部引领者

政府是推动应用型本科院校跨境电商"双创"人才培养发展的主要外部力量，承担着顶层设计者和引领者的角色。无论是"互联网＋""大众创业、万众创新"，还是应用型本科院校的试点改革，以及跨境电商的跨越式发展，都体现出政府的把控、引领和指导作用。具体来看，对于应用型本科院校跨境电商"双创"人才培养，宏观层面政府至少从资金政策扶持和组织活动保障两大方面起到高屋建瓴的顶层设计及方向引领作用。微观层面体现在各个环节，从开始的扶持政策出台、财政支持到中期的竞赛活动组织、导师库设立、社会力量协调，再到专项监督、效果评价等各个阶段都需要政府部门的不断指引和有力推动。因此，政府的影响具有显著的方向指引性和行政强制性特征。

（二）院校因素：内部的主体实施者

应用型本科院校是进行"双创"人才培养的内部主体力量，是连接政府、学生、社会的中枢，亦是核心和主体，是具体的实施者、执行者。应用型本科院校及校内创新创业主管单位、二级教学单位、系部教研室等的课程设置、师资配套、制度改革、创新创业环境营造等均会对跨境电商"双创"人才培养产生直接影响。在课程设置方面，是否设置较完善的跨境电商创新创业课程体系，创新创业类课程与专业教育课程的融合情况，跨境电商类理论及实践课程数量及占比，创新创业类课程数量及占比等对"双创"人才培养都会产生基础性影响。在师资配套方面，具备"双师双能型"资质的师资和具有跨境电商创新创业活动指导经验的师资，以及主持跨境电商或创新创业类教研或科研项目师资的数量及占比，能够对学生了解、参与、主持跨境电商创新创业活动产生教导性的影响。在制度改革方面，是否设置专门的创新创业管理机构、配置专门的经费、出台专门的激励教师和学生参与的措施等，都会影响跨境电商"双创"人才的培养效果。在创新创业环境营造方面，提供专门的场所和实践平台，跨境电商类讲座和报告，文献库、数据库和资料库购建等是开展跨境电商"双创"人才培养活动的辅助基础。

（三）学生因素：内部的客体对象

外贸类专业学生是应用型本科院校跨境电商"双创"教育的客体，是受培养的对象。每位微观个体学生的知识基础、发展潜力也是影响人才培养效果的重要因素。外贸类专业学生的专业知识掌握程度、外语水平、网络技术、创新创业参与意愿及参与程度等都是进行跨境电商创新创业的自身基础，是提高跨境电商"双创"人才培养成效的关键。而在培养潜力方面，基于对外贸类专业学生已取得成果的调查，发掘学生在跨境电商创新创业项目获奖、发表跨境电商类学术论文、成立跨境电商类孵化企业和项目等方面的成绩情况，这对在学生群体中营造创新创业参与氛围、做大做强既有成果并以此为基础深入研究有积极示范性影响。

（四）社会因素：辅助的外部培育者

社会力量是辅助院校"双创"人才培养的重要外部因素，社会力量的有效介入既能让应用型本科院校更加充分地了解跨境电商的最新动态、企业需求和社会供需变化等实时信息，又能为师生提供实践实训岗位，既提升教师的指导水平，又锻炼学生的技能技巧，增加师生对跨境电商的"实战"经验和了解。社会参与力量包括行业协会、企业单位、科研院所等，它们通过与应用型本科院校展开协同育人的各类举措，基于不同的辅助手段、辅助范围、辅助程度等对跨境电商"双创"人才培养产生影响。具体来看，社会力量可以通过对跨境电商创新创业项目进行投融资、合作开展跨境电商创新创业孵化项目或课题联合攻关，以及为教师的再学习、知识"充电"提供挂职或全职岗位的校外跨境电商培训，为学生接触跨境电商企业及技能培训提供"实战"机会等方式，直接或间接影响应用型本科院校跨境电商"双创"人才培养的各个环节。

三、应用型本科院校跨境电商"双创"人才培养条件分析

在跨境电商跨越式发展正面临人才桎梏的情况下，以培养应用型、创新性、技能型、复合型人才为目标的应用型本科院校，特别是直接相关的外贸类专业有必要通过"双创"教育的途径输送高质量人才，实现人才供给侧与需求端之间的高度匹配。本部分的研究以江西省为研究个案，对该省应用型本科院校的外贸类专业跨境电商"双创"人才培养条

件进行评价，以期减轻短板条件引致的"木桶效应"的消极影响，为找到优化措施提供依据。

(一) 江西省跨境电商及应用型本科院校发展概况

在全国跨境电商欣欣向荣的良好形势下，江西省跨境电商贸易亦水涨船高，呈高速发展之势。同时，江西省应用型本科院校的试点工作也走在全国前列。

1. 在跨境电商发展方面

(1) 江西省依托同时毗邻长三角、海西经济区、珠三角的优越腹地位置，以及已设立的南昌跨境电子商务综合试验区、赣州综合保税区、九江综合保税区，在筹建的吉安综合保税区、抚州综合保税区等，跨境电商贸易发展舞台广阔。

(2) 跨境电商正成为江西省外贸增长新动力。根据江西省商务厅公布的数据，2021年江西省跨境电商规模居全国第5位，并且外贸新业态（以跨境电商为代表）占外贸总额的比重提高到约19%；2022年江西省跨境电商规模达到1275.2亿元，仍居全国第5位，同时居中西部省份第1位，并且同比增长1.6倍。

(3) 江西省跨境电商正进入新的历史发展机遇期。2017年成立江西省跨境电子贸易协会，协会会员涵盖江西地区跨境贸易及上下游服务商企业，2018年南昌获批国家级跨境电商综合试验区。由此，探讨江西省跨境电商"双创"人才培养条件等问题尤为重要。

2. 在应用型本科院校试点方面

江西省应用技术型院校转型发展试点工作起步早，在2015年初就确定景德镇陶瓷学院、南昌航空大学、新余学院、宜春学院、萍乡学院、江西服装学院、南昌工学院、江西应用科技学院、华东交通大学理工学院、江西中医药大学科技学院共 10 所院校作为首批示范试点。"双创"教育是这些学校人才培养的重要路径，它们通过成立专门的创新创业学院、举办"双创"教育师资培训班等方式正成为江西省乃至全国"双创"教育典型和示范"高地"。除江西中医药大学科技学院属于办学属性强的医药学类院校外，其余 9 所院校都开设有国际经济与贸易、国际商务、商务英语或电子商务的外贸类专业，而为顺应跨境电商蓬勃发展对人才的迫切需求，这 9 所院校的外贸类专业都在努力向跨境电商培养方向转型。这些外贸类专业学生的跨境电商创新创业现状是本部分研究的基础，通过调研获得的数据是专家充分了解"双创"教育情况并给出评判的依据。

（二）具体实证分析过程

1. 确定评价指标体系

在借鉴徐辉（2009）、冯艳飞和童晓玲（2013）、李婧和杨昱（2015）等研究成果的基础上，本部分的研究主要采用德尔菲法，听从专家建议构建自左至右囊括四级递阶结构的评价指标体系（见表 5-1）。

根据表 5-1 可知，目标层 A 的评价指标集 IA＝$\{B_1, B_2, B_3, B_4\}$，准则层 B 的评价指标集分别为 IB$_1$＝$\{C_1, C_2\}$、IB$_2$＝$\{C_3, C_4, C_5, C_6\}$、IB$_3$＝$\{C_7, C_8\}$、IB$_4$＝$\{C_9, C_{10}\}$，子准则层 C 的评价指标集分别为 IC$_1$＝$\{D_1, D_2\}$、IC$_2$＝$\{D_3, D_4, D_5, D_6\}$、IC$_3$＝$\{D_7, D_8, D_9\}$、IC$_4$＝$\{D_{10}, D_{11}\}$、IC$_5$＝$\{D_{12}, D_{13}\}$、IC$_6$＝$\{D_{14}, D_{15}, D_{16}\}$、IC$_7$＝$\{D_{17}, D_{18}, D_{19}\}$、IC$_8$＝$\{D_{20}, D_{21}, D_{22}\}$、IC$_9$＝$\{D_{23}, D_{24}\}$、IC$_9$＝$\{D_{25}, D_{26}\}$。

第五章 应用型本科院校外贸类专业跨境电商"双创"人才培养条件

表 5-1 跨境电商"双创"人才培养条件评价的指标体系

目标层	准则层	子准则层	方案层
应用型本科院校外贸类专业跨境电商创新创业人才培养条件 A	政府扶持条件 B_1	资金支持 C_1	对创新创业的直接经费投入总额 D_1
			对创新创业的金融优惠贷款总额 D_2
		组织保障 C_2	跨境电商或创新创业支持政策数量 D_3
			跨境电商创新创业活动组织次数 D_4
			创新创业省市级导师库人数 D_5
			对跨境电商或创新创业政策执行督导次数 D_6
	院校教育条件 B_2	师资配套 C_3	具备"双师双能型"资质的师资人数及占比 D_7
			具有跨境电商创新创业活动指导经验的师资人数及占比 D_8
			主持跨境电商相关教研或科研项目的师资人数及占比 D_9
		课程设置 C_4	跨境电商类理论及实践课程数量及占比 D_{10}
			创新创业类理论及实践课程数量及占比 D_{11}
		制度改革 C_5	激励学生参与的政策改革满意度 D_{12}
			激励教师参与的政策改革满意度 D_{13}
		辅助锻炼 C_6	跨境电商类讲座和报告次数 D_{14}
			跨境电商类实训实践平台数量 D_{15}
			文献库、数据库和资料库购建总数量 D_{16}

续表

目标层	准则层	子准则层	方案层
应用型本科院校外贸类专业跨境电商创新创业人才培养条件 A	学生自身条件 B_3	发展基础 C_7	获得外语及网络等级证书的人数 D_{17}
			参与跨境电商创新创业项目的人数 D_{18}
			参与跨境电商创新创业活动的学生人数 D_{19}
		发展潜力 C_8	跨境电商创新创业项目获奖次数 D_{20}
			发表跨境电商类学术论文的数量 D_{21}
			成立跨境电商类孵化企业和项目的数量 D_{22}
	社会合作条件 B_4	合作意愿 C_9	对跨境电商创新创业项目进行投融资的社会机构数量 D_{23}
			与社会机构合作的跨境电商创新创业孵化项目数量 D_{24}
		接纳实践 C_{10}	教师实践锻炼的校外跨境电商机构数量 D_{25}
			学生技能培训的校外跨境电商机构数量 D_{26}

资料来源：历年江西统计年鉴、江西省历年国民经济和社会发展统计公报；对江西省财政厅、江西省教育厅、江西省科技厅、江西省10所应用型本科院校的团委、教务处、创新创业学院，以及开设外贸类专业的二级学院、系部、教研室等机构单位的公开资料进行搜集或走访调研的结果。

根据表5-1中方案层的评价指标集，主要搜集2015—2017年江西省应用型本科院校外贸类专业跨境电商"双创"人才培养情况的资料，按照时期数据累加，时点数据取均值的方法对三年的面板数据进行归纳统计，供专家评判做参考。

2. 不同层级间判断矩阵的构建及权重计算

借鉴崔军和杨琪（2013）引入专家可信度的多维度综合评价方法，邀请教育学领域的20名学者根据Saaty提出的1～9标度法对表5-1中

第五章 应用型本科院校外贸类专业跨境电商"双创"人才培养条件

相较于上一层级指标的本层级两两指标进行对比赋值，赋值的主观依据是专家基于个人经验和学识的判断，客观依据是经调研归纳统计的2015—2017年江西省应用型本科院校外贸类专业跨境电商"双创"人才培养条件情况。赋值结果取加权平均数（将20位学者的职称、学历学位、是否担任硕士或博士生导师、研究相关度、近5年学术贡献、打分自信度进行量化赋值后作为绝对数权数），将赋值结果进行多轮咨询、反复调整后确定最终结果。最后基于赋值结果建立两两比较的判断矩阵并计算出权重结果。

一致性（比例）计算方法为 $CR=\dfrac{CI}{RI}$，其中一致性指标 $CI=\dfrac{\lambda_{max}-n}{n-1}$（$\lambda_{max}$指最大特征根，n指矩阵的阶数），平均随机一致性指标RI取值根据1～10阶正互反矩阵计算1000次得到的数值获得，若CR取值低于0.1，则表明该判断矩阵通过一致性检验。

如表5-2所示，所有判断矩阵的权重计算结果均通过一致性检验。准则层指标权重 $WB_{1-4}=[0.1481\ \ 0.4981\ \ 0.2491\ \ 0.1047]$，子准则层指标权重分别为 $WC_{1-2}=[0.5000\ \ 0.5000]$、$WC_{3-6}=[0.3963\ \ 0.3832\ \ 0.0654\ \ 0.1550]$、$WC_{7-8}=[0.2500\ \ 0.7500]$、$WC_{9-10}=[0.6667\ \ 0.3333]$，方案层指标权重分别为 $WD_{1-2}=[0.2500\ \ 0.7500]$、$WD_{3-6}=[0.4233\ \ 0.3699\ \ 0.0571\ \ 0.1497]$、$WD_{7-9}=[0.1007\ \ 0.6738\ \ 0.2255]$、$WD_{10-11}=[0.7500\ \ 0.2500]$、$WD_{12-13}=[0.5000\ \ 0.5000]$、$WD_{14-16}=[0.2385\ \ 0.6250\ \ 0.1365]$、$WD_{17-19}=[0.1220\ \ 0.2297\ \ 0.6483]$、$WD_{20-22}=[0.3445\ \ 0.1085\ \ 0.5469]$、$WD_{23-24}=[0.7500\ \ 0.2500]$、$WD_{25-26}=[0.5000\ \ 0.5000]$。

根据权重计算结果可以发现分别影响目标层、准则层、子准则层的下一层级指标的主次排序。例如影响目标层的主要准则层指标是院校教育条件B_2和学生自身条件B_3，权重分别为0.4981、0.2491，政府扶持

表 5-2 各层级判断矩阵的权重计算结果及一致性检验结果

目标层	准则层	子准则层	方案层
A	B₁ (0.1481) $\lambda_{max}=4.0604$ CI=0.0201 RI=0.89 CR=0.0226<0.1	C₁ (0.5000) $\lambda_{max}=2$ CI=0 RI=0 CR=0<0.1	D₁ (0.2500) $\lambda_{max}=2$ CI=0 RI=0 CR=0<0.1
			D₂ (0.7500)
		C₂ (0.5000)	D₃ (0.4233) $\lambda_{max}=4.1867$ CI=0.0622 RI=0.89 CR=0.0699<0.1
			D₄ (0.3699)
			D₅ (0.0571)
			D₆ (0.1497)
	B₂ (0.4981)	C₃ (0.3963)	D₇ (0.1007) $\lambda_{max}=3.0858$ CI=0.0429 RI=0.52 CR=0.0825<0.1
			D₈ (0.6738)
			D₉ (0.2255)
		C₄ (0.3832) $\lambda_{max}=4.2525$ CI=0.0842 RI=0.89 CR=0.0946<0.1	D₁₀ (0.7500) $\lambda_{max}=2$ CI=0 RI=0 CR=0<0.1
			D₁₁ (0.2500)
		C₅ (0.0654)	D₁₂ (0.5000) $\lambda_{max}=2$ CI=0 RI=0 CR=0<0.1
			D₁₃ (0.5000)
		C₆ (0.1550)	D₁₄ (0.2385) $\lambda_{max}=3.0183$ CI=0.0091 RI=0.52 CR=0.0176<0.1
			D₁₅ (0.6250)
			D₁₆ (0.1365)

续表

目标层	准则层	子准则层		方案层	
A	B_3 (0.2491) $\lambda_{max}=4.0604$ CI=0.0201 RI=0.89 CR=0.0226<0.1	C_7 (0.2500)	$\lambda_{max}=2$ CI=0 RI=0 CR=0<0.1	D_{17} (0.1220) D_{18} (0.2297) D_{19} (0.6483)	$\lambda_{max}=3.0037$ CI=0.0018 RI=0.52 CR=0.0036<0.1
		C_8 (0.7500)		D_{20} (0.3445) D_{21} (0.1085) D_{22} (0.5469)	$\lambda_{max}=3.0536$ CI=0.0268 RI=0.52 CR=0.0516<0.1
	B_4 (0.1047)	C_9 (0.6667)	$\lambda_{max}=2$ CI=0 RI=0 CR=0<0.1	D_{23} (0.7500) D_{24} (0.2500)	$\lambda_{max}=2$ CI=0 RI=0 CR=0<0.1
		C_{10} (0.3333)		D_{25} (0.5000) D_{26} (0.5000)	$\lambda_{max}=2$ CI=0 RI=0 CR=0<0.1

条件 B_1 和社会合作条件 B_4 是次要影响因素,权重分别为 0.1481、0.1047。影响准则层院校教育条件的主要子准则层指标是师资配套条件 C_3（0.3963）和课程建设条件 C_4（0.3832）等。这对于江西省合理配置有限的培养资源有参考意义。

3. 确定评语集

评语集指对方案层各指标的模糊评语等级。设 V＝{V_1，V_2，V_3，V_4，V_5} 为 5 种不同等级评语的集合,并令 V_1＝优秀＝（90,＋∞],V_2＝良好＝（80,90],V_3＝中等＝（70,80],V_4＝及格＝（60,70],V_5＝较差＝[－∞,60],且下限数值不在本组内。为便于计算最终评分结果,取 R＝{95,85,75,65,55} 为不同组距分数区间的代表性数值,为便于矩阵之间的计算,通过转置将 R 表述为列矩阵的形式,记为 R^T＝[95　85　75　65　55]^T。

4. 构建模糊评价矩阵

构建方案层指标 D_i 与评语集 V 的模糊评价矩阵 M,M 由每个方案层指标 D_i 的评语等级集合比重（评语等级亦由 20 名专家根据 2015—2017 年调研资料评判给出,比重等于某一等级的获评个数除以打分专家的人数）的 i 个行矩阵 M_i 构成。

$$M = \begin{bmatrix} M_1 \\ M_2 \\ \cdots \\ M_i \end{bmatrix} = \begin{bmatrix} m_{11} & m_{12} & \cdots & m_{1j} \\ m_{21} & m_{22} & \cdots & m_{2j} \\ \cdots & \cdots & \cdots & \cdots \\ m_{i1} & m_{i2} & \cdots & m_{ij} \end{bmatrix}$$

其中,$0 < m_{ij} < 1$,m_{ij} 表示隶属度（向量）,反映单个 D_i 与 V_i 之间的隶属关系,可理解为指标 D_i 隶属于等级 V_i 的概率。

根据表 5-3,得到按照子准则层归类的模糊评价矩阵:

$$M_{1-2}=\begin{bmatrix} 0 & 0.35 & 0.5 & 0.15 & 0 \\ 0 & 0.2 & 0.3 & 0.45 & 0.05 \end{bmatrix}, M_{3-6}=\begin{bmatrix} 0.15 & 0.4 & 0.45 & 0 & 0 \\ 0 & 0.3 & 0.5 & 0.2 & 0 \\ 0.15 & 0.45 & 0.4 & 0 & 0 \\ 0.05 & 0.6 & 0.3 & 0.05 & 0 \end{bmatrix}$$

$$M_{7-9}=\begin{bmatrix} 0 & 0.3 & 0.45 & 0.25 & 0 \\ 0.1 & 0.5 & 0.4 & 0 & 0 \\ 0.15 & 0.55 & 0.3 & 0 & 0 \end{bmatrix}, M_{10-11}=\begin{bmatrix} 0 & 0 & 0.35 & 0.45 & 0.2 \\ 0 & 0.1 & 0.3 & 0.45 & 0.15 \end{bmatrix}$$

$$M_{12-13}=\begin{bmatrix} 0.3 & 0.45 & 0.25 & 0 & 0 \\ 0 & 0.2 & 0.6 & 0.2 & 0 \end{bmatrix}, M_{14-16}=\begin{bmatrix} 0.2 & 0.2 & 0.6 & 0 & 0 \\ 0.1 & 0.35 & 0.55 & 0 & 0 \\ 0.2 & 0.4 & 0.3 & 0.1 & 0 \end{bmatrix}$$

$$M_{17-19}=\begin{bmatrix} 0 & 0.25 & 0.5 & 0.25 & 0 \\ 0.1 & 0.2 & 0.45 & 0.25 & 0 \\ 0.05 & 0.35 & 0.45 & 0.15 & 0 \end{bmatrix}, M_{20-22}=\begin{bmatrix} 0 & 0 & 0.3 & 0.45 & 0.25 \\ 0 & 0.3 & 0.3 & 0.4 & 0 \\ 0 & 0.1 & 0.5 & 0.15 & 0.25 \end{bmatrix}$$

$$M_{23-24}=\begin{bmatrix} 0 & 0.05 & 0.3 & 0.5 & 0.15 \\ 0 & 0 & 0.45 & 0.25 & 0.3 \end{bmatrix}, M_{25-26}=\begin{bmatrix} 0 & 0.05 & 0.3 & 0.5 & 0.15 \\ 0 & 0.15 & 0.5 & 0.15 & 0.2 \end{bmatrix}$$

5. 模糊综合评价

子准则层模糊评价采用式（5-1）：

$$EC_i = WD_i \times M = \begin{bmatrix} WD_1 & WD_2 & \cdots & WD_i \end{bmatrix}\begin{bmatrix} M_1 & M_2 & \cdots & M_i \end{bmatrix}^T$$

(5-1)

EC_i 表示各子准则层指标的评价结果，WD_i 表示各方案层指标 D_i 相对于各归属子准则层 B_i 的权重集。EC_i 的 i 个行矩阵如下：

$$EC_i = \begin{bmatrix} EC_1 \\ EC_2 \\ \cdots \\ EC_i \end{bmatrix} = \begin{bmatrix} e_{11} & e_{12} & \cdots & e_{1j} \\ e_{21} & e_{22} & \cdots & e_{2j} \\ \cdots & \cdots & \cdots & \cdots \\ e_{i1} & e_{i2} & \cdots & e_{ij} \end{bmatrix}$$

根据式（5-1），子准则层模糊评价集结果分别为：

$EC_1 = WD_{1-2} \times M_{1-2} = \begin{bmatrix} 0 & 0.2375 & 0.3500 & 0.3750 & 0.0375 \end{bmatrix}$

$EC_2 = WD_{3-6} \times M_{3-6} = \begin{bmatrix} 0.0795 & 0.3958 & 0.4432 & 0.0815 & 0 \end{bmatrix}$

$EC_3 = WD_{7-9} \times M_{7-9} = \begin{bmatrix} 0.1012 & 0.4911 & 0.3825 & 0.0252 & 0 \end{bmatrix}$

表5-3 20位专家对方案层指标隶属等级评判的比重情况

方案层	隶属等级 V_i				
	V_1	V_2	V_3	V_4	V_5
对创新创业的直接经费投入总额 D_1 (0.2500)	0	0.35	0.5	0.15	0
对创新创业的金融优惠贷款总额 D_2 (0.7500)	0	0.2	0.3	0.45	0.05
跨境电商创新创业政策支持数量 D_3 (0.4233)	0.15	0.4	0.45	0	0
跨境电商创新创业活动组织次数 D_4 (0.3699)	0	0.3	0.5	0.2	0
创新创业省市级导师库人数 D_5 (0.0571)	0.15	0.45	0.4	0	0
对创新创业政策执行督导次数 D_6 (0.1497)	0.05	0.6	0.3	0.05	0
"双师双能型"资质的师资人数占比 D_7 (0.1007)	0	0.3	0.45	0.25	0
具有跨境电商创新创业活动指导经验师资人数及占比 D_8 (0.6738)	0.1	0.5	0.4	0	0
主持跨境电商相关教研或科研项目的师资人数及占比 D_9 (0.2255)	0.15	0.55	0.3	0	0
跨境电商类理论及实践课程数量及占比 D_{10} (0.7500)	0	0	0.35	0.45	0.2
创新创业类理论及实践课程数量及占比 D_{11} (0.2500)	0	0.1	0.3	0.45	0.15
激励学生参与的政策改革满意度 D_{12} (0.5000)	0.3	0.45	0.25	0	0
激励教师参与的政策改革满意度 D_{13} (0.5000)	0	0.2	0.6	0.2	0
跨境电商类讲座和报告次数 D_{14} (0.2385)	0.2	0.2	0.6	0	0

第五章 应用型本科院校外贸类专业跨境电商"双创"人才培养条件

续表

方案层	隶属等级 V_i				
	V_1	V_2	V_3	V_4	V_5
跨境电商类实训实践平台数量 D_{15}（0.6250）	0.1	0.35	0.55	0	0
文献库、数据库和资料库购建总数量 D_{16}（0.1365）	0.2	0.4	0.3	0.1	0
外语及网络等级证书获得人数 D_{17}（0.1220）	0	0.25	0.5	0.25	0
参与跨境电商创新创业项目人数 D_{18}（0.2297）	0.1	0.2	0.45	0.25	0
参与跨境电商创新创业活动学生人数 D_{19}（0.6483）	0.05	0.35	0.45	0.15	0
跨境电商创新创业项目获奖次数 D_{20}（0.3445）	0	0	0.3	0.45	0.25
发表跨境电商类学术论文数量 D_{21}（0.1085）	0	0.3	0.3	0.4	0
成立跨境电商类孵化企业和项目数量 D_{22}（0.5469）	0	0.1	0.5	0.15	0.25
对跨境电商创新创业项目进行投融资的社会机构数量 D_{23}（0.7500）	0	0.05	0.3	0.5	0.15
与社会机构合作的跨境电商创新创业孵化项目数量 D_{24}（0.2500）	0	0	0.45	0.25	0.3
教师实践锻炼的校外跨境电商机构数量 D_{25}（0.5000）	0	0.05	0.3	0.5	0.15
学生技能培训的校外跨境电商机构数量 D_{26}（0.5000）	0	0.15	0.5	0.15	0.2

$EC_4 = WD_{10-11} \times M_{10-11} = [0 \quad 0.2500 \quad 0.3375 \quad 0.4500 \quad 0.1875]$

$EC_5 = WD_{12-13} \times M_{12-13} = [0.1500 \quad 0.3250 \quad 0.4250 \quad 0.0100 \quad 0]$

$EC_6 = WD_{14-16} \times M_{14-16} = [0.1375 \quad 0.3211 \quad 0.5278 \quad 0.0137 \quad 0]$

$EC_7 = WD_{17-19} \times M_{17-19} = [0.0554 \quad 0.3033 \quad 0.4561 \quad 0.1852 \quad 0]$

$EC_8 = WD_{20-22} \times M_{20-22} = [0 \quad 0.0872 \quad 0.4094 \quad 0.2805 \quad 0.2226]$

$EC_9 = WD_{23-24} \times M_{23-24} = [0 \quad 0.0375 \quad 0.3375 \quad 0.4375 \quad 0.1875]$

$EC_{10} = WD_{25-26} \times M_{25-26} = [0 \quad 0.1000 \quad 0.4000 \quad 0.3250 \quad 0.1750]$

准则层模糊评价采用式（5-2）：

$$EB_i = WC_i \times EC_i = [WC_1 \quad WC_2 \quad \cdots \quad WC_i][EC_1 \quad EC_2 \quad \cdots \quad EC_i]^T$$

(5-2)

根据式（5-2），准则层模糊评价集结果分别为：

$EB_1 = WC_{1-2} \times EC_{1-2} = [0.0398 \quad 0.3167 \quad 0.3966 \quad 0.2283 \quad 0.0188]$

$EB_2 = WC_{3-6} \times EC_{3-6} = [0.0712 \quad 0.2752 \quad 0.3905 \quad 0.1911 \quad 0.0719]$

$EB_3 = WC_{7-8} \times EC_{7-8} = [0.0138 \quad 0.1413 \quad 0.4210 \quad 0.2566 \quad 0.1671]$

$EB_4 = WC_{9-10} \times EC_{9-10} = [0 \quad 0.0583 \quad 0.3583 \quad 0.4000 \quad 0.1833]$

目标层模糊评价采用式（5-3）：

$$EA = WB_i \times EB_i = [WB_1 \quad WB_2 \quad \cdots \quad WB_i][EB_1 \quad EB_2 \quad \cdots \quad EB_i]^T$$

(5-3)

根据式（5-3），目标层模糊评价集结果为：

$EA = WB_{1-4} \times EB_{1-4} = [0.0448 \quad 0.2253 \quad 0.3956 \quad 0.2348 \quad 0.0994]$

6. 计算准则层分别评分和目标层总评分

（1）计算准则层的得分。准则层各自得分 $ScoreB_i$ 为 EB 的加权平均数。

$ScoreB_1 = EB_1 \times R^T$

$= 0.0398 \times 95 + 0.3167 \times 85 + 0.3966 \times 75 + 0.2283 \times 65 + 0.0188 \times 55$

$= 76.319$

$$ScoreB_2 = EB_2 \times R^T$$
$$= 0.0712 \times 95 + 0.2752 \times 85 + 0.3905 \times 75 + 0.1911 \times 65 + 0.0719 \times 55$$
$$= 75.8195$$

$$ScoreB_3 = EB_3 \times R^T$$
$$= 0.0138 \times 95 + 0.1413 \times 85 + 0.4210 \times 75 + 0.2566 \times 65 + 0.1671 \times 55$$
$$= 70.766$$

$$ScoreB_4 = EB_4 \times R^T$$
$$= 0 \times 95 + 0.0583 \times 85 + 0.3583 \times 75 + 0.4000 \times 65 + 0.1833 \times 55$$
$$= 67.9095$$

（2）计算目标层的得分。最终得分 ScoreA 为 EA 的加权平均数。

$$ScoreA = EA \times R^T$$
$$= 0.0448 \times 95 + 0.2253 \times 85 + 0.3956 \times 75 + 0.2348 \times 65 + 0.0994 \times 55$$
$$= 73.8055$$

根据上述评分结果可知，江西省应用型本科院校外贸类专业跨境电商"双创"人才培养条件的总评分结果为73.8055，该数值落在 V_3＝中等＝（70，80］的评语集内，表明培养整体条件一般，提升潜力和弹性较大，需要不断优化各个维度层面的条件并提高耦合协作效果。结合准则层的四维分别评分结果和各方案层指标的评语等级结果，可知跨境电商"双创"人才培养实施条件的短板主要是社会合作条件，得分低于70，评语等级为及格，其次是学生自身条件，评语等级勉强达到中等；政府扶持条件和院校教育条件的评分较高，处在中等偏上水平，尚未有达到良好及以上等级的准则层条件。

四、研究总结及优化培养条件的措施

跨境电商的跨越式发展带来了对从业人才的大量需求，如何有效满足该需求成为社会各界关注的焦点。聚焦于此，本章的研究充分结合应用型本科院校转型试点和"大众创业、万众创新"的宏观背景，以及"互联网＋"时代、供给侧结构性改革、创新驱动等国家经济社会层面的新趋势、新变化、新动态，针对应用型本科院校外贸类专业进行跨境电商"双创"人才培养条件的评价，以期为实现市场需求端与人才供给侧的有效、精准匹配打下基础。

通过对既有研究文献的借鉴和创新，抽丝剥茧得出包括政府、院校、学生、社会在内的主客体、内外部、宏微观的影响因素，并基于此构建人才培养实施条件的评价指标体系，通过判断矩阵的权重计算及一致性检验得出分别影响目标层、各准则层、各子准则层的下一层级指标的重要性。采用模糊数学法和层次分析法进行实证研究，结果显示：现阶段江西省应用型本科院校外贸类专业跨境电商"双创"人才培养的实施条件整体一般，评语等级为中等，提升空间很大，需要进一步进行优化。根据准则层四维层面的分别评分结果和每项方案层指标的评语等级结果所体现出来的培养条件中的短板和不足，今后要优化培养条件，合理配置各类有限资源以使其发挥最大效能，至少需要从以下几方面开展工作。

1. 政府扶持条件提升方面，要进一步加强顶层设计

（1）江西省政府在做好对行业、企业、院校的深度整合调研的基础上，既要细化有关跨境电商贸易、创新创业发展、应用型本科院校试点的政策实施，也要加大监督奖惩力度，特别是针对应用型本科院校要建立优胜劣汰机制，实现动态管理，扮演好管理者和引领者角色。

（2）根据应用型本科院校试点需要，筹备启动第二批试点工作并牵头成立应用型本科院校联盟，推动应用型本科院校有序发展，持续扩大人才培养的院校及学生规模。

（3）努力做好应用型本科院校与跨境电商行业、协会、企业等社会力量合作及对接的中间人。

第五章 应用型本科院校外贸类专业跨境电商"双创"人才培养条件

2. 院校教学条件优化方面，对外要不断加强校地、校协、校企、校所、校校的耦合协同，对内要加强校院、院系、院所、校生的凝聚配合

（1）对外的校地合作方面，要充分利用好有关应用型本科院校、创新创业、跨境电商、"互联网＋"、创新驱动的各项政策，做好整合利用工作，以发挥政策的最大效能。通过校协、校企等合作及时了解人才需求动态，调整培养方案等。通过校校协作加强校际交流及充分竞争，利用"鲇鱼效应"来营造良性互动氛围，还需要积极与省外应用型本科院校联系、切磋，学习省外院校先进的培养经验和做法。

（2）对内部分，要凝聚力量，重点加强师资建设和课程改革，通过具备跨境电商创新创业指导能力的师资来带动、鼓励、吸纳学生参与跨境电商创新创业活动，而相关课程建设要构建面向跨境电商"双创"人才培养的课程体系，从低年级到高年级循序渐进做好跨境电商类、创新创业类与专业类课程的嵌套融合，并将跨境电商贸易的流程融入"双创"教育的理论教学和实践实训中。

（3）激发师生参与创新创业活动的主动性和热情，做好学校层面的制度设计和改革。在教师层面，要从年度考核、职称评选、奖励分配、绩效考量等方面配套相应的政策激励，增强教师的指导积极性；在学生层面，要从评优评奖、学分赋予、场地提供、竞赛开展、团队组建、社团扶持等方面营造良好氛围，激发学生的潜能和动力，鼓励学生打好外语和网络技术基础，让学生乐于参与跨境电商创新创业活动，提高学生跨境电商创新创业活动项目的参与率、立项率、获奖率、孵化率等。

3. 加强社会力量的参与条件方面，要健全合作制度，激发合作的积极性

（1）政府和院校要先做好疏通参与渠道、创新参与模式、稳定合作机制的工作，为跨境电商的组织、企业能够"走进来"了解合作，院校师生也可以"走出去"实践实训，打下坚实的制度、渠道、环境基础。

（2）面向跨境电商行业、企业需求开展创新创业项目的联合培育和孵化、学术调研的开展和论文写作，争取企业的资金和智力支持，提高做大、做强、做实的可能性。最大限度地挖掘社会力量的辅助潜力和介入的积极性。

第六章 "互联网+"视域下高校"双创"师资培养成效的评价设计
——以南昌工程学院为例

一、引言

2018年，国务院下发《关于推动创新创业高质量发展打造"双创"升级版的意见》（国发〔2018〕32号），进一步加强对国内创新创业活动的顶层设计，指出要强化大学生"双创"教育培训、完善"互联网+"创新创业服务体系等。考虑到高校是实施大学生"双创"教育的主阵地，因而推动高校"互联网+双创"教育的升级发展是一项重要工作。

高校教师直面学生的发展需求并为他们释疑解惑，是大学生的引导者和领路人，因而"双创"师资成为推动大学生"双创"教育持续、高效、优质发展的支撑和牵引。由此可见，建设和培养一支高水平、高素质、高质量的"双创"师资队伍成为打造高校"双创"教育升级版的必备前提。

南昌工程学院作为江西省发展较快的地方本科高校之一，一直以来都尤为重视"互联网+双创"工作的开展，取得了一系列较突出的成绩，截至2021年10月，该校荣获中国"互联网+"大学生创新创业大赛全国总决赛金奖、"创青春"创业计划大赛金奖、全国大学生水利创新设计大赛特等奖等国家级奖项492项；拥有包括国家级在内的各级各类创新平台36个；学校大力服务地方经济社会发展，社会服务经费投入达8000余万元等。南昌工程学院为实现学校"双创"教育的持续高质量发展，对"双创"配套师资的培养投入不遗余力，如成立创业教育指导中心、建立"双创"导师专家库、逐年增加"双创"师资投入经费、加大创新创业指导奖励、增加"双创"教材和案例编写、加强教改计划和教育课题研究、加大对"双创"师资典型个人和团队的宣传等，师资培养成效较显著，涌现出一批国家级和省级优秀指导教师和金牌导师，极大地推动了学校"双创"教育的整体发展。但随着"互联网＋"技术的深度应用和"双创"教育的快速发展，相关"双创"师资力量暴露出水平不高、数量不多、能力不强、提升不快、意愿不高等问题，对学校"双创"教育的稳定、持续、创新发展产生了消极影响和较大束缚。这就迫切需要学校针对其"双创"师资的培养成效情况进行相关评价，这是认清现实困境、补齐发展短板、调配发展资源、完善培养体系的基础，因而本部分的研究具有较强的现实意义。

二、文献综述

现有针对"双创"教育的研究已经从学生、高校、教师、政府、校友等多维层面展开，其中针对师资问题的研究主要聚焦于以下几方面。

第一，在研究内容方面，既有宏观层面的整体探究，如蒋德勤（2011）、赵紫妤和周玲（2016）、李亚奇等（2018）、许玲和汪高（2019），以及于海（2022）对"双创"教育师资队伍的多方面综合研究。也有对不同侧重点的关注，如对"双创"师资的现状及困境（梁迎娣和颜玄洲，2016；王丽燕和王建萍，2019；董生和庄学村，2020；石丽和李吉桢，2021）、培养机制和模式（张海燕等，2020）、考核机制（曹嫄和张文婷，2020）、实践路径（李国强，2017；吴红珊，2018；魏芬等，2019；周杰等，2021）等进行研究。

第二，在研究视域方面，主要是结合不同的时代或事件背景、不同剖析视角进行的分析，如在"双创"升级（牛彦飞，2020）、国外"双

第六章 "互联网+"视域下高校"双创"师资培养成效的评价设计
——以南昌工程学院为例

创"教育启示（王志鹏，2017；谭见君和严勇，2018）、整合校友资源（吴荣华等，2022）、粤港澳大湾区建设（朱倩渝，2020）、人力资源管理（张艳新等，2020）、"传帮带"模式（邓知辉和刘锰，2020）、乡村振兴战略背景（邵晓庆等，2022）、现代师徒制（赵威，2022）背景或视角下对"双创"师资队伍建设的思考和启示等。

第三，在研究高校类型方面，主要是针对应用型本科院校（乔印虎，2019；姚圣卓等，2020）、高职院校（赵薇，2019；张海燕等，2020）、地方高校（陈春晓，2017）、民办院校（王丽燕等，2018）、研究型大学（成希，2018）等考察"双创"师资的发展模式、建设困境、机制创新等。

综上，现有文献已经对"双创"教育的师资问题进行了大量研究，研究围绕现状及困境、影响因素、培养机制和模式、实践路径，以及不同侧重视域、不同类型高校等方面展开。但针对"双创"师资培养成效方面的研究仍匮乏，相关的评价体系和定量评价更显不足，将"互联网+"与"双创"相联系专门考察师资培养成效的研究更是欠缺，本部分的研究拟展开针对性的边际拓展。

三、"互联网+"视域下"双创"师资培养成效的评价指标体系

本章选取研究团队骨干成员所任职的南昌工程学院作为研究样本，依据对该校团委、教务处等部门的实地调研，对学校 OA 系统的信息搜索，以及团队成员切身的"双创"教育体会，针对"互联网+双创"师资培养问题，交叉采用层次分析法、系统分析法和模糊数学分析法，以"'互联网+'视域下'双创'师资培养成效 T"为研究目标，理论水平 A_1、实践能力 A_2、业绩取得 A_3、内外评价 A_4 为一级指标，专业知识 B_1 等 8 个指标为二级指标，专业履历 C_1 等 20 个指标为三级指标（见表 6-1），多维综合构建评价指标体系。

表 6-1　"互联网+"视域下"双创"师资培养成效的评价体系构建

研究目标 T	一级指标 A	二级指标 B	三级指标 C	注解
"互联网+"视域下"双创"师资培养成效 T	理论水平 A₁	专业知识 B₁	专业履历 C₁	取得与"互联网+"或"双创"相关的专业主修（或辅修）学位（学士、硕士、博士）的教师人数
			教学承担 C₂	讲授与"互联网+"或"双创"相关的本科课程（包括专业必修课、专业选修课、通识必修课、通识限选课、学科基础课等课程以及各类实践课程等）的教师人次
			课程建设 C₃	与"互联网+"或"双创"相关的本科教学工程项目（如国家级、省级或校级的重点建设课程、精品资源共享课、精品视频公开课、双语示范课程、慕课等）的数量
			教材编写 C₄	以主编或副主编身份出版的"互联网+"或"双创"类教材的数量
		继续教育 B₂	业余培训 C₅	参加各类线上或线下的"互联网+"或"双创"类课程、讲座、培训会、研讨会等的人次
			参观交流 C₆	学校、学院、系（教研室）组织教师走进协会、企业、外校实地考察（如与创新创业专家、成功人士面对面交流、座谈）的次数
	实践能力 A₂	校内认可 B₃	工程实践 C₇	具有一年及以上企业脱产顶岗育人平台（如产学研基地、项目孵化基地、创新创业训练营、校友创客联盟和校外创业实践基地）经历的教师数量
			平台建设 C₈	教师排名前三创设的协同育人平台、学科竞赛平台、创新创业指导平台、人才库的数量
			荣誉称号 C₉	获得或入选政府、协会、企业或外校授予的"双创"导师、优秀指导教师、人才库的教师人次
		校外合作 B₄	技能服务 C₁₀	向校外各类单位机构提供合作研发、专业实践、技术咨询、调查报告的次数
			横向课题 C₁₁	主持与"互联网+"或"双创"相关的横向课题经费总额

第六章 "互联网+"视域下高校"双创"师资培养成效的评价设计
——以南昌工程学院为例

续表

研究目标 T	一级指标 A	二级指标 B	三级指标 C	注解
"互联网+"视域下"双创"师资培养成效 T	业绩取得 A₃	自身成果 B₅	技能比赛获奖 C₁₂	与"互联网+"或"双创"相关的教师类技能竞赛获得校级及以上级别奖项次数
			教学成果奖 C₁₃	与"互联网+"或"双创"相关的校级及以上级别的教学成果奖数量
			纵向课题 C₁₄	主持与"互联网+"或"双创"相关的校级及以上级别的纵向课题经费总额
		学生成果 B₆	立项项目 C₁₅	指导的学生立项校级及以上级别的"互联网+"、大学生创新创业、大学生挑战杯类项目的数量
			学生获奖 C₁₆	指导的学生获得校级及以上级别的"互联网+"或"双创"类荣誉奖励的人次
	内外评价 A₄	内部评价 B₇	学生评价 C₁₇	获得良好及以上评价结果的教师人数
			督导评价 C₁₈	获得良好及以上评价结果的教师人数
		外部评价 B₈	用人单位评价 C₁₉	获得良好及以上评价结果的教师人数
			创业校友评价 C₂₀	获得良好及以上评价结果的教师人数

根据表 6-1，一级指标 A 体现的是宏观层面；二级指标 B 体现的是中观层面；三级指标 C 体现的是微观层面。同时，一级指标 A 下辖的 A_1 可以界定为理论类指标，A_2 是实操类指标，A_3 是成果类指标，A_4 是影响类指标。各二级指标 B 起到承上启下的纽带作用，它们既是对一级指标 A 的阐释，又是对三级指标 C 的凝括。各三级指标 C 均是对"双创"师资培养成效展开资料搜集和数据整理的最终依据。

四、各指标间判断矩阵构建及权重计算

构建相邻层级间指标的判断矩阵，并据此计算各矩阵的权重。通过比较矩阵权重值可以发现同级指标横向之间的相对重要性，得到能够显著影响学校"双创"师资培养绩效的一些指标。这有助于校内、外有限资源的聚焦发力，提高资源的投入使用效率，健全和完善相关的师资政策，最终获得满意的"双创"师资培养成效。

（一）判断矩阵构建

根据研究目标 T、一级指标 A、二级指标 B、三级指标 C 的四层指标体系结构（见表 6-1），运用层次分析法和线性代数知识可构建 13 个判断矩阵，分别是 T 与 A 构建的判断矩阵 $TA = \{A_{ij} | i, j = 1, 2, 3, 4\}_{4 \times 4}$。A 分别与各自下辖的 B 构建的矩阵 AB 共有 4 个，分别是 $A_1B = \{B_{ij} | i, j = 1, 2\}_{2 \times 2}$、$A_2B = \{B_{ij} | i, j = 3, 4\}_{2 \times 2}$、$A_3B = \{B_{ij} | i, j = 5, 6\}_{2 \times 2}$、$A_4B = \{B_{ij} | i, j = 7, 8\}_{2 \times 2}$。B 与各自下辖的 C 构建的矩阵 BC 共有 8 个，分别是 $B_1C = \{C_{ij} | i, j = 1, 2, 3, 4\}_{4 \times 4}$、$B_2C = \{C_{ij} | i, j = 5, 6\}_{2 \times 2}$、$B_3C = \{C_{ij} | i, j = 7, 8\}_{2 \times 2}$、$B_4C = \{C_{ij} | i, j = 9, 10, 11\}_{3 \times 3}$、$B_5C = \{C_{ij} | i, j = 12, 13, 14\}_{3 \times 3}$、$B_6C = \{C_{ij} | i, j = 15, 16\}_{2 \times 2}$、$B_7C = \{C_{ij} | i, j = 17, 18\}_{2 \times 2}$、$B_8C = \{C_{ij} | i, j = 19, 20\}_{2 \times 2}$。其中 A_{ij}、B_{ij}、C_{ij} 均为德尔菲法赋值结果，赋值分别根据指标

第六章 "互联网＋"视域下高校"双创"师资培养成效的评价设计
——以南昌工程学院为例

A_i 与 A_j、B_i 与 B_j、C_i 与 C_j 各自之间的重要性来判定，赋值结果采用九级标示法（利用数值 1～9 及其倒数）表示。

（二）指标权重计算思路

邀请"互联网＋""双创"领域的 9 位专家对同一矩阵内的同层级指标进行重要性赋值。赋值主观上依据专家的自身学识和经验，客观上依据对南昌工程学院"双创"师资培养状况的现实考量。经过反复咨询和赋值调整，将去掉最低分和最高分后的专家赋值结果取算数平均数作为最终的赋值结果。根据最终的赋值结果建立上下指标层级间的判断矩阵。

判断矩阵的指标权重计算思路是先将各元素每行相乘得到 $P_i = \prod_{j=1}^{n} U_{ij}$，$i=1,2,\cdots,n$；接着计算指标权重 $W_i = \dfrac{\sqrt[n]{P_i}}{\sum_{i=1}^{n}\sqrt[n]{P_i}}$。还要对判断矩阵进行一致性检验：$CR = \dfrac{CI}{RI}$，其中一致性指标 $CI = \dfrac{\lambda_{max} - n}{n-1}$，平均随机性指标 RI 的数值能通过查表直接获取，只有当 CR＜0.1 时，构建的判断矩阵才合理可用。

（三）权重计算结果与比较

1. 判断矩阵 TA 的权重计算

由研究目标 T 和一级指标 A 可以构建判断矩阵 TA，根据权重赋值结果可以得到制约 T 成效表现的 4 个指标 A 各自的重要性。

根据表 6-2，由德尔菲法专家赋值结果计算得到矩阵 TA 的检验指标 $\lambda_{max}=4.0192$、CI＝0.0064、RI＝0.89、CR＝0.0072，各检验指标数值大小适中，且 CR＜0.1，表明该矩阵构建合理，权重结果可靠。权重

值最大的是指标 A_3，数值达到 0.4901，表明要想取得优异的"双创"师资培养成效，首先要狠抓指标 A_3 所指代的业绩取得内容，这就需要在获奖总数、经费总额等数量方面逐步提升，同时在代表性成果、突出成果、标志性成果等质量方面也要不断有斩获。指标 A_4、A_2、A_1 的权重值分别是 0.2879、0.1619、0.0601，其中 A_4 关系"双创"师资的校内外声誉，是持续不断吸引教师参加、学生参与、学校支持、外单位联合、政府重视，引导学校"双创"教育实现良性攀升循环的软实力，该指标指代的内容也需要重点关注和持续投入。指标 A_2 和 A_1 的权重值都小，但它们是 A_3 和 A_4 两个成果类与影响类指标取得高水平成效的基础，因而加强巩固好这两个指标内容，对于提升成效 T 将大有裨益。

表 6-2　判断矩阵 TA 的德尔菲法赋值及权重计算结果

T	A_1	A_2	A_3	A_4	权重 W_{TB}
A_1	1	1/3	1/7	1/5	0.0601
A_2	3	1	1/3	1/2	0.1619
A_3	7	3	1	2	0.4901
A_4	5	2	1/2	1	0.2879

λ_{max}（最大特征根）＝4.0192、CI＝0.0064、RI＝0.89、CR＝0.0072

2. 判断矩阵 A_1B 及 B_1C、B_2C 的权重计算

根据德尔菲法赋值结果计算得到 A_1 与其下辖的 B、C 所构成的 3 个判断矩阵 A_1B、B_1C 和 B_2C 的权重情况（见表 6-3）。

表 6-3　判断矩阵 A_1B 及 B_1C、B_2C 的德尔菲法赋值及权重计算结果

A_1	B_1	B_2	权重 W_{A_1B}
B_1	1	2	0.6667
B_2	0.5	1	0.3333

λ_{max}＝2、CI＝0、RI＝0、CR＝0

第六章 "互联网+"视域下高校"双创"师资培养成效的评价设计
——以南昌工程学院为例

续表

B_1	C_1	C_2	C_3	C_4	权重 W_{B_1C}	
C_1	1	0.5	0.2	1/3	0.0909	$\lambda_{max}=4.1763$、
C_2	2	1	1/3	0.5	0.1616	$CI=0.0588$、
C_3	5	3	1	0.5	0.3519	$RI=0.89$、
C_4	3	2	2	1	0.3957	$CR=0.0660$
B_2	C_5	C_6	权重 W_{B_2C}			
C_5	1	1	0.5000		$\lambda_{max}=2$、$CI=0$、$RI=0$、$CR=0$	
C_6	1	1	0.5000			

（1）这3个矩阵的权重检验指标λ_{max}、CI、RI、CR的计算值大小都合理，并且CR值都小于0.1，满足矩阵构建的有效性要求。

（2）根据矩阵A_1B的权重结果，B_1、B_2的权重值分别是0.6667和0.3333，表明指标B_1指代的专业知识是提升A_1指代的理论水平的关键，而B_2指代的继续教育起到重要辅助和持续助力作用。对于矩阵B_1C，指标C_4和C_3是实现B_1更佳成效的关键，权重值分别是0.3957和0.3519，尽管C_1、C_2的权重值偏小，但不能忽视的是，只有在C_1、C_2的长期积淀的基础上，才可能更好地实现数量更多、质量更高的C_4、C_3。观察矩阵B_2C的权重结果，C_5和C_6的权重值都是0.5000，表明两者都是增强B_2成效表现的重要途径，需要齐抓共管。

3. 判断矩阵A_2B及B_3C、B_4C的权重计算

（1）根据表6-4，矩阵A_2B及B_3C和B_4C权重计算的检验指标λ_{max}、CI、RI、CR值均合理适中，表明这3个矩阵构建均有效规范，满足研究需要。

（2）由矩阵A_2B可知，指标A_2的成效高低受到指标B_3和B_4同等

重要的影响，权重值都是0.5000。根据矩阵B_3C的权重值可知，指标C_7、C_8的权重值分别是0.2500和0.7500，表明指标C_8是制约B_3成效提升的关键，C_7的影响相对有限。根据矩阵B_4C的权重值可知，影响B_4成效表现的首要指标是C_{10}，其权重值达到0.5396，表明要集中力量在C_{10}指代的技能服务方面多加投入，这样更有利于实现高水平的B_4成效。指标C_{11}、C_9对B_4的成效水平有一定影响，权重值也都大于0.15，也要兼顾对这两个指标所指代内容的推进工作。

表6-4 判断矩阵A_2B及B_3C、B_4C的德尔菲法赋值及权重计算结果

A_2	B_3	B_4		权重W_{A_2B}	
B_3	1	1		0.5000	$\lambda_{max}=2$、CI=0、RI=0、CR=0
B_4	1	1		0.5000	
B_3	C_7	C_8		权重W_{B_3C}	
C_7	1	1/3		0.2500	$\lambda_{max}=2$、CI=0、RI=0、CR=0
C_8	3	1		0.7500	
B_4	C_9	C_{10}	C_{11}	权重W_{B_4C}	
C_9	1	1/3	1/2	0.1634	$\lambda_{max}=3.0092$、CI=0.0046、RI=0.52、CR=0.0088
C_{10}	3	1	2	0.5396	
C_{11}	2	1/2	1	0.2970	

4. 判断矩阵A_3B及B_5C、B_6C的权重计算

一级指标A_3下辖2个二级指标B_5、B_6和5个三级指标C_{12}、C_{13}、C_{14}、C_{15}、C_{16}，可构成3个判断矩阵A_3B及B_5C、B_6C。分别观察这3个判断矩阵的检验指标λ_{max}、CI、RI、CR数值可知（见表6-5），数值均在合理范围内，表明3个判断矩阵的权重结果均规范有效，可以用来进行相关分析。

表 6-5　判断矩阵 A_3B 及 B_5C、B_6C 的德尔菲法赋值及权重计算结果

A_3	B_5	B_6	权重 W_{A_3B}	
B_5	1	1/3	0.2500	$\lambda_{max}=2$、CI=0、RI=0、CR=0
B_6	3	1	0.7500	
B_5	C_{12}	C_{13}	C_{14}	权重 W_{B_5C}	
C_{12}	1	0.5	2	0.3108	$\lambda_{max}=3.0536$、CI=0.0268、
C_{13}	2	1	2	0.4934	RI=0.52、CR=0.0516
C_{14}	0.5	0.5	1	0.1958	
B_6	C_{15}	C_{16}	权重 W_{B_6C}	
C_{15}	1	1/3	0.2500	$\lambda_{max}=2$、CI=0、RI=0、CR=0
C_{16}	3	1	0.7500	

根据判断矩阵 A_3B 的权重值可知，B_6 是影响 A_3 成效表现的首要指标，权重值达到 0.7500，B_5 的制约影响相对小，权重值为 0.2500。而影响指标 B_5 成效的三级指标主要是 C_{13} 和 C_{12}，权重值分别达到 0.4934 和 0.3108，说明要取得显著的 B_5 成效，首先要在教学成果和技能比赛评奖中取得好成绩。影响 B_6 成效的主要三级指标是 C_{16}，权重值达到 0.7500，说明学生获奖是提升 B_6 成效的关键。

5. 判断矩阵 A_4B 及 B_7C、B_8C 的权重计算

根据表 6-6，由于判断矩阵 A_4B 及 B_7C、B_8C 都是 2×2 的方阵，检验指标 λ_{max}、CI、RI、CR 的计算取值均相同，且 CR 都小于 0.1，因此这 3 个判断矩阵均合理可用。

表 6-6　判断矩阵 A_4B 及 B_7C、B_8C 的德尔菲法赋值及权重计算结果

A_4	B_7	B_8	权重 W_{A_4B}	
B_7	1	1	0.5000	$\lambda_{max}=2$、CI=0、RI=0、CR=0
B_8	1	1	0.5000	

续表

B_7	C_{17}	C_{18}	权重 W_{B_7C}	
C_{17}	1	2	0.6667	$\lambda_{max}=2$、CI=0、RI=0、CR=0
C_{18}	0.5	1	0.3333	
B_8	C_{19}	C_{20}	权重 W_{B_8C}	
C_{19}	1	1	0.5000	$\lambda_{max}=2$、CI=0、RI=0、CR=0
C_{20}	1	1	0.5000	

根据矩阵 A_4B 的权重结果（见表 6-6），制约指标 A_4 成效水平的三级指标 B_7 和 B_8 权重值相同，都是 0.5000，说明要在这两个指标指代的内容方面均衡发力。同样，对于矩阵 B_8C，要想取得较高的 B_8 成效水平，也要在 C_{19} 和 C_{20} 指代的内容方面均衡发力。根据矩阵 B_7C 的权重值，影响 B_7 成效表现的重点是指标 C_{17}，其权重值是 0.6667，指标 C_{18} 的权重值是 0.3333，影响相对稍弱。

6. 一级指标 A 与三级指标 C 之间的直接权重关系

利用表 6-3 至表 6-6 中各矩阵的权重结果，可以计算得到一级指标 A 与三级指标 C 之间直接的权重关系，即 4 个一级指标 A_1、A_2、A_3、A_4 分别与 20 个三级指标 C_1、C_2、C_3、C_4、C_5、C_6、C_7、C_8、C_{10}、C_{11}、C_{12}、C_{13}、C_{15}、C_{16}、C_{17}、C_{18}、C_{19}、C_{20} 之间的权重关系，计算依据为公式 $W_{AC}=W_{AB}\times W_{BC}$。得到指标 A 与 C 之间的直接权重关系可以更好地发现不同指标 C 对指标 A 成效的相对重要性，便于针对性政策的制定实施。

根据表 6-7，指标 A_1 的成效表现主要受指标 C_4 和 C_3 的制约影响，两者的权重值分别达到 0.2638、0.2346，其次是指标 C_5、C_6 和 C_2，权重值分别是 0.1667、0.1667 和 0.1077，而 C_1 的权重值最小，仅为 0.0606，说明专业背景对提升指标 A_1 的成效影响并不大，要重点在 C_4

第六章 "互联网+"视域下高校"双创"师资培养成效的评价设计
——以南昌工程学院为例

和 C_3 所指代的教材编写和课程建设两方面聚力发展。

表 6-7 指标 A 与 C 之间直接的权重计算结果

A_1	权重 W_{A_1C}	A_2	权重 W_{A_2C}	A_3	权重 W_{A_3C}	A_4	权重 W_{A_4C}
C_1	0.0606	C_7	0.1250	C_{12}	0.0777	C_{17}	0.3334
C_2	0.1077	C_8	0.3750	C_{13}	0.1234	C_{18}	0.1667
C_3	0.2346	C_9	0.0817	C_{14}	0.0490	C_{19}	0.2500
C_4	0.2638	C_{10}	0.2698	C_{15}	0.1875	C_{20}	0.2500
C_5	0.1667	C_{11}	0.1485	C_{16}	0.5625		
C_6	0.1667						

影响指标 A_2 成效水平的三级指标主要是 C_8 和 C_{10}，权重值分别是 0.3750、0.2698。C_9 的权重值仅为 0.0817，指标 C_{11} 和 C_7 的权重值居中，分别为 0.1485、0.1250。这说明要有效提升指标 A_2 的成效表现，重点要放在各类协同育人平台建设和积极提供研发、技能服务方面，兼顾师资的工程实践锻炼、横向课题主持及荣誉称号获得等。

指标 A_3 成效水平的高低主要受指标 C_{16} 的影响，其权重值高达 0.5625，"双创"教育最终的落脚点就是培养出具备较高"双创"能力的学生，获得各类荣誉奖励就是一种认可和体现。指标 C_{15} 的影响也较关键，权重值达到 0.1875，学生类的"双创"项目成果是学生借此评优获奖的依据，两者相辅相成，合计权重达到 0.75。

制约指标 A_4 成效表现的三级指标主要是 C_{17}，权重值为 0.3334，可见在学生中获得好口碑至关重要。C_{19}、C_{20} 的权重值居中，均为 0.2500，表明只有培养出高质量的"双创"人才、加强对创新创业学生的关心支持，才能更好地获得用人单位的良好反馈和创业校友的积极评价。相较之下，尽管督导评价指标权重值低，仅为 0.1667，但督导多由经验丰富、职称高、教龄长、要求严的同行组成，这对于发现整体或个体教师在"双创"工作中的短板、堵点和不足有积极帮助。

五、结论与建议

(一) 研究结论

根据上述定量分析可知,要想取得优异的"双创"师资培养成效,首先要狠抓指标 A_3 所指代的业绩取得内容,其次要对指标 A_4 所指代的"双创"师资校内外声誉进行重点关注和持续投入。尽管指标实践能力 A_2 和理论水平 A_1 的权重值都不大,但它们是 A_3 和 A_4 两个成果类与影响类指标取得高水平成效的基础,因而也需要持续巩固好这两个指标内容。具体来看,指标 A_1 的成效表现主要受指标教材编写 C_4 和课程建设 C_3 的制约影响,影响指标 A_2 成效水平的三级指标主要是平台建设 C_8 和技能服务 C_{10},指标 A_3 成效水平的高低主要受学生获奖 C_{16} 的影响,制约指标 A_4 成效表现的三级指标主要是学生评教 C_{17},因而要想取得高水平的"互联网+双创"师资培养成效 T,必须把有限的培养资源集中起来首先用于提升这些指标所指代的内容上,做到培养重点突出、有的放矢、高效高质。

(二) 对策建议

总体而言,高校要持续重视、投入和强化对"互联网+双创"师资的系统培养及整体规划工作,在充分发挥"互联网+"的高效、开放、协同、集成、智能优势的基础上,对内要优化配置各部门资源、激发教师的指导动力、引导学生积极参与,对外要用足政府部门的利好政策、加强校企对接、了解创业校友的需求反馈、扩大业绩成果对外宣传等,为提升"互联网+双创"师资培养成效聚集好支撑力量、铺垫好作用路径。具体来看,基于高校视角,可根据各个判断矩阵的指标权重依次提出以下思路和举措。

第六章 "互联网+"视域下高校"双创"师资培养成效的评价设计
——以南昌工程学院为例

第一，在提升"互联网＋双创"师资的业绩取得成效方面，高校应做到：①采取评优评先、学分给予、经费支持、处分冲抵等激励措施，提高学生参与"互联网＋双创"活动的积极性，不断扩大"双创"活动的受众面、学生选拔基数，优中选优提高参与"双创"活动的学生质量，并探讨将学生的优秀"双创"成果认定为毕业设计的可操作性。②提倡充分依托教师主持的课题项目，尤其是与"互联网＋""双创"相关的课题，分解出适合学生主持和参与的子项目。③一方面通过邀请企业骨干、优秀校友、创业导师等把关学生项目申报材料，以提高立项率和完成率；另一方面以学生类课题项目和创业项目为基础，组织精干力量，悉心指导和打磨学生申报各级各类奖项的材料，提高评优获奖的成功率。④由于教学成果奖和技能比赛获奖是提升"双创"师资自身成果成效的关键，因而可通过岗位聘用、职称评定、硕士（博士）导师选拔、绩效考核，以及树立师资典型、创造便利教学环境、引入竞争遴选机制吸引和激励教师参与"互联网＋双创"类教学成果和技能比赛的评奖。

第二，在提升"互联网＋双创"师资的内外评价成效方面，高校应做到：①要创建对参与学生的全链条引导、管理和服务机制，即要求指导教师在学生参与前、参与中、参与后均深度介入，参与前要积极动员、参与中要悉心指导、参与后要跟踪服务，提升学生们对"互联网＋双创"师资的评价满意度。②要提前了解用人单位的用工需求，积极向用人单位推荐高质量的"互联网＋双创"人才，并保持良好稳定的校企供需合作，实现输出学生"留得下、干得好、成绩大"，赢得用人单位的好评。③要通过校友办、团委、教务处、班主任等与创业校友保持积极沟通和联系，对于校友遇到的创业困难，充分发挥学校的单位力量、教师的个人力量尽可能地提供帮助。同时成立专门的教师服务团队，为校友创业提供市场分析和调研、咨询服务，提高创业校友的归属感和满意度。④引导"双创"教师虚心接受督导专家的检查、指导和评价，实现与督导专家的良性互动。

第三，在提升"互联网＋双创"师资的实践能力成效方面，高校应做到：①通过设立并壮大大学科技园、大学生创新创业园等专门场所机构，提高协同育人平台孕育创设的可能性和成功率。②加大政校、校企、校校联合力度，通过"走出去"提高教师实战水平和成果转化能力，通过"引进来"创造双方或多方间的创新研发、横向课题合作机会。③对外扩大宣传本校"双创"师资和业绩成果，积极争取名额向外推荐"双创"名师，并通过邀请评审专家辅导、提供评优指导，把关评优申请书等提高校内外的"双创"人才入选通过率。

第四，在提升"互联网＋双创"师资的理论水平成效方面，高校应做到：①创造教学工程比拼环境，激励现有师资参与"双创"类教材编写和课程建设。②创造持续"充电"环境，为"双创"师资与时俱进不断提升自身水平提供教学、科研便利。③创造人才引进环境，对于专业对口或相近的创新人才，招聘政策适当倾斜。

第七章 "双创"背景下应用型本科院校"双师双能型"教师培养的提升路径

一、引言

随着毕业生就业难等问题的出现和中国经济发展进入新常态,"双创"教育作为应对此类问题的重要途径正受到越来越多的关注,且被大力提倡。国家相关部门先后发布《关于大力推进高等学校创新创业教育和大学生自主创业工作的意见》《关于深化高等学校创新创业教育改革的实施意见》等文件,推动全社会"双创"工作的开展,特别是李克强同志号召"大众创业、万众创新"以后,"双创"在全国更是掀起一轮跨越式发展。

高校是教书育人、输送人才、对接社会需求的重要阵地,肩负着推动和繁荣"双创"教育的时代重任。尤其是应用型本科院校,作为新时期教育领域人才供给侧结构性改革的创新形式,通过"双创"教育培养高素质的应用型、技能型人才,是成功实现"一大批普通本科高等学校向应用型转变"发展目标的重要保证。应用型本科院校如何做好"双创"教育发展?如何承担起高质量"双创"人才培育的重任?毋庸置疑,高水平的师资力量是基础和关键,特别是"双师双能型"教师,更是保证"双创"教育保质保量发展的根本。

"双师双能型"是在"双创"浪潮下提出来的概念。国务院等中央部门先后在《中国制造 2025》《关于全面提高高等教育质量的若干意见》《关于全面深化新时代教师队伍建设改革的意见》中，多次强调要大力建设"双师双能型"教师队伍，助力创新型、技能型人才的培养。由此可见，打造高水平"双师双能型"教师队伍已经上升为国家教育领域今后开展工作的重要内容。

应用型本科院校、"双创"教育及"双师双能型"师资建设均是当前国家层面积极倡导和推进的重大战略和举措。在此宏观大背景下，本部分的研究聚焦应用型本科院校"双师双能型"教师的培养，将"双创"教育、应用型本科院校、"双师双能型"教师三者耦合关联进行研究，具体围绕"双师双能型"教师培养的必要性、绩效评价指标体系构建、评价指标权重计算，以及培养路径设计四大方面展开探究。研究将对"双创"背景下打造社会和高校满意的高水平"双师双能型"师资有边际贡献，有助于发现应用型本科院校"双创"教育中制约"双师双能型"教师指导水平提升的问题和堵点，为"双师双能型"教师指导水平提升策略的实施提供依据。

二、应用型本科院校"双师双能型"教师培养的必要性

在"大众创业、万众创新"的时代背景和国家大力号召下，应用型本科院校的"双创"教育地位更加突出，为了更好地开展"双创"教育，教师作为授业的核心和主体，必须有精湛的业务知识和高水平的实践指导能力，因而培养一批高水平的"双师双能型"教师势在必行。

（一）国家经济发展新常态的客观要求

在新常态下，我国经济增长从高速增长转向中高速增长，直接引致每年提供的就业岗位绝对数量下降，而高等院校大学生毕业人数每年居高不下，需要的就业岗位不降反增，大学生就业已经面临就业岗位减少和就业压力持续上升的双向挤压。大学生就业事关重大，基于此，国家

适时提出"大众创业、万众创新"的号召,鼓励全社会,尤其是大学生积极参与创新创业。同时,国内产业结构升级明显,产业结构的调整需要更多的应用型、技能型高素质人才,在大力推行"双创"教育的背景下,高素质技能型人才培养成为适应国家经济发展方式转变和产业优化调整的必由之路。不论是为了缓解当今社会的就业难问题,还是主动适应就业新形势的要求,"双创"人才培养都需要高质量、高素质、高水平的"双师双能型"教师进行助力。

(二) 高校差异化建设和错位竞争需要

长期以来,高校本科教育的同质化发展是困扰高等教育的难题(陈龙等,2015),培养目标、专业设置、办学特色的趋同,以及学科建设相近、特色不明显的问题长期影响着高校本科教育质量,而应用型本科院校的提出和发展成为破解这一难题的重要途径。应用型本科院校是以应用型本科教育为办学定位,与学术型本科大学概念相对,更有异于高职院校的专科实践人才培养。具体来看,相较于学术型本科高校和高职大专院校,应用型本科院校的"双创"学生培养具有显著异质性,表现为学术型本科高校培养重学术研究人才,高职大专院校培养重技能应用人才,而既有较高学术知识,又有实践操作能力的人才的培养仍属于中间薄弱地带,应用型本科院校正好能够肩负起这一时代重担。要助力应用型本科院校成功转型,实现差异化建设和错位竞争下的应用型人才培养的办学目标,需要教师具备高水平的指导能力,这就要求应用型本科院校必须将"双师双能型"教师培养放在至关重要的地位。

(三) 学生就业和创业综合素质提升需要

在新常态下,人才供给侧结构性改革势在必行。一方面,学生就业压力大,但学生的技能型、应用型能力不强;另一方面,社会、企业的用工需求大，而高校培养的本科人才与企业用工需求两者之间不匹配，最终导致大学生就业难、企业用工难问题长期"积食不化"。因此人才供给侧结构性改革亟待做实做深。学生本人、学生家长都迫切希望高校在教学过程中不断增强学生就业和创业竞争力，这就需要高水平的"双师双能型"教师。他们既能帮助学生做好创新创业的规划，又能帮助学生提升创新创业的实力，还能及时将社会、企业的用工需求和动态及时传达给学校管理部门，适时调整人才培养方案。

（四）企业对高素质技能型、应用型人才的需求

受高校就业供给端偏重学术型人才供给的影响，广大企业，尤其是制造业、跨境电商等行业企业对技能型、应用型人才的需求缺口一直较大。应用型本科院校的教师只有具备"双师双能型"的素质，才既能紧密联系企业，掌握企业的真实需求，将企业的用工需求传递给应用型本科院校，又能将在企业掌握到的"实战"技能传授给学生，更好地实现企业与高校的合作双赢。"双师双能型"教师成为连接企业和高校的纽带，企业也成为"双师双能型"教师进一步提升自身技能水平的平台和基地。

三、"双师双能型"教师培养绩效评价指标体系设计

以南昌工程学院为例，基于该校"双师双能型"教师培养的实际情况设计相关绩效评价指标体系。

南昌工程学院属于省部共建高校，在以应用型人才为培养目标的发展中，"双创"教育成绩显著，"双创"人才培养质量高。在2015—2019年5年间，该校学生曾荣获中国"互联网＋"大学生创新创业大赛全国总决赛金奖、"挑战杯"全国大学生课外学术科技作品竞赛一等奖、"创青春"全国大学生创业大赛金奖等国家级奖励500余项。自建校以来，已经向社会输送10多万名高素质应用型人才。

第七章 "双创"背景下应用型本科院校"双师双能型"教师培养的提升路径

南昌工程学院的"双创"教育成果显著,应用型人才质量高,离不开一批高水平的"双师双能型"教师的指导和引领。该校的"双师双能型"教师培养,以教师工程实践锻炼为契机,并且在职称改革中要求教师必须有至少一年的工程实践锻炼经历,这就提供了指导和强制性约束。但长期以来,该校"双师双能型"教师培养的绩效情况如何,尚未有定量判断。为了更好地推动该校"双师双能型"教师培养,亟须设计一套较全面完善的培养绩效评价体系,以更好地发现和区分影响"双师双能型"教师培养绩效提升的主次指标,以便后续精准施策。

根据表7-1,从教师培养数量B_1、教师培养质量B_2、教师指导能力B_3、教师外联能力B_4 4个维度,建立"双创"背景下南昌工程学院"双师双能型"教师培养绩效评价指标体系。研究目标为"双创"背景下"双师双能型"教师培养绩效A,一级指标B_j包括教师培养数量B_1、教师培养质量B_2、教师指导能力B_3、教师外联能力B_4;二级指标C_{mn}均隶属于各个一级指标B_j,其中,教师培养数量B_1包括成为"双师双能型"教师的年限C_{11}、"双师双能型"教师人数增长率C_{12}、"双师双能型"教师人数占比C_{13} 3个二级指标,意在考察南昌工程学院培养的"双师双能型"教师的绝对数量和相对数量情况。教师培养质量B_2包括教师的最高学历和学位C_{21}、教师的"双创"技能实力C_{22}、"双创"教学和科研成果C_{23}、"双创"成果转化C_{24} 4个二级指标,意在考察南昌工程学院培养的"双师双能型"教师的整体师资质量。教师指导能力B_3包括指导学生取得的"双创"研究成果C_{31}、指导学生"双创"比赛获奖C_{32}、指导的学生"双创"项目入园数量C_{33}、指导学生"双创"项目立项数量C_{34},意在考察南昌工程学院"双师双能型"教师的指导能力水平。教师外联能力B_4包括促进高校与企业的合作C_{41}、横向课题研究C_{42}两部分,意在考察南昌工程学院"双师双能型"教师对优化和提升学校"双创"外部环境和水平的贡献。

表7-1 "双创"背景下"双师双能型"教师培养绩效评价指标体系

研究目标 A	一级指标 B_i	二级指标 C_{mn}	备注
"双创"背景下应用型本科院校"双师双能型"教师培养绩效 A	教师培养数量 B_1	成为"双师双能型"教师的年限 C_{11}	考察"双师双能型"教师的资历情况
		"双师双能型"教师人数增长率 C_{12}	考察"双师双能型"教师的培养速度和效率
		"双师双能型"教师人数占比 C_{13}	考察"双师双能型"教师占全校教师的比重变化
	教师培养质量 B_2	教师的最高学历和学位 C_{21}	考察"双师双能型"教师拥有博士研究生学历和博士学位的教师数量
		教师的"双创"技能实力 C_{22}	获得校级及以上"双创"类比赛的优秀指导教师等荣誉，或者"双创"类技能比赛校级及以上奖项
		"双创"教学和科研成果 C_{23}	限"双创"教育相关的教学科学研究和科学研究的纵向课题、学术论文、专利，软件著作权和著作
		"双创"成果转化能力 C_{24}	考察"双创"成果的转化量，"双创"成果在企业中的应用转化情况

第七章 "双创"背景下应用型本科院校"双师双能型"教师培养的提升路径

续表

研究目标 A	一级指标 B_i	二级指标 C_{mn}	备注
"双创"背景下应用型本科院校"双师双能型"教师培养绩效 A	教师指导能力 B_3	指导学生取得的"双创"研究成果 C_{31}	统计学生为排名前三作者的学术论文、专利和软件著作权
		指导学生"双创"比赛获奖 C_{32}	依据"互联网+"等各类大学生创新创业训练计划项目、"创青春"等各类大学生创业计划大赛、"挑战杯"大学生课外学术科技作品竞赛的省级及以上获奖情况进行统计
		指导学生"双创"项目入围数量 C_{33}	考察通过校级及以上部门评审、指导大学生"双创"团队和项目被批准进入大学生创新创业园的数量
		指导学生"双创"项目立项数量 C_{34}	以"互联网+"等各类大学生创新创业训练计划项目、"创青春"等各类大学生创业计划大赛、"挑战杯"大学生课外学术科技作品竞赛作为统计依据
	教师外联能力 B_4	促进高校与企业的合作 C_{41}	以"双师双能型"教师作为介绍人,促成高校与政府部门、行业联盟、企业单位共建教学实践基地和"产学研"合作协议的数量
		横向课题研究 C_{42}	考察以"双师双能型"教师为主持人,与政府部门、行业联盟、企业单位的横向课题数量和经费额度

四、"双师双能型"教师培养绩效评价体系的权重计算与比较

基于表 7-1 构建的绩效评价指标体系，再综合运用德尔菲法、层次分析法、模糊数学法计算得到每个指标的权重赋值，意在直观得到各个影响指标的重要性排名，为进一步优化现行措施提供依据。

首先构建判断矩阵，对同一矩阵内的各个指标进行两两比较。根据层次分析法分别构建研究目标 A 与一级指标 B_j 的判断矩阵 $MatrixAB_j$，一级指标 B_j 与二级指标 C_{mn} 的判断矩阵 MatrixBC，MatrixBC 具体包括 $MatrixB_1C_{mn}$、$MatrixB_2C_{mn}$、$MatrixB_3C_{mn}$、$MatrixB_4C_{mn}$ 4 个判断矩阵。$MatrixAB_j$、$MatrixB_1C_{mn}$、$MatrixB_2C_{mn}$、$MatrixB_3C_{mn}$、$MatrixB_4C_{mn}$ 的矩阵表现形式如表 7-2 所示。

表 7-2 判断矩阵 $MatrixAB_j$、$MatrixB_1C_{mn}$、$MatrixB_2C_{mn}$、$MatrixB_3C_{mn}$、$MatrixB_4C_{mn}$ 的矩阵形式

A	B_1	B_2	B_3	B_4
B_1	B_1B_1	B_1B_2	B_1B_3	B_1B_4
B_2	B_2B_1	B_2B_2	B_2B_3	B_2B_4
B_3	B_3B_1	B_2B_2	B_3B_3	B_3B_4
B_4	B_4B_1	B_4B_2	B_4B_3	B_4B_4
B_1	C_{11}	C_{12}	C_{13}	
C_{11}	$C_{11}C_{11}$	$C_{11}C_{12}$	$C_{11}C_{13}$	
C_{12}	$C_{12}C_{11}$	$C_{12}C_{12}$	$C_{12}C_{13}$	
C_{13}	$C_{13}C_{11}$	$C_{13}C_{12}$	$C_{13}C_{13}$	
B_2	C_{21}	C_{22}	C_{23}	C_{24}
C_{21}	$C_{21}C_{21}$	$C_{21}C_{22}$	$C_{21}C_{23}$	$C_{22}C_{24}$
C_{22}	$C_{22}C_{21}$	$C_{22}C_{22}$	$C_{22}C_{23}$	$C_{22}C_{24}$
C_{23}	$C_{23}C_{21}$	$C_{23}C_{22}$	$C_{23}C_{23}$	$C_{23}C_{24}$
C_{24}	$C_{24}C_{21}$	$C_{24}C_{22}$	$C_{24}C_{23}$	$C_{24}C_{24}$

第七章 "双创"背景下应用型本科院校"双师双能型"教师培养的提升路径

续表

B_3	C_{31}	C_{32}	C_{33}	C_{34}
C_{31}	$C_{31}C_{31}$	$C_{31}C_{32}$	$C_{31}C_{33}$	$C_{31}C_{34}$
C_{32}	$C_{32}C_{31}$	$C_{32}C_{32}$	$C_{32}C_{33}$	$C_{32}C_{34}$
C_{33}	$C_{33}C_{31}$	$C_{33}C_{32}$	$C_{33}C_{33}$	$C_{33}C_{34}$
C_{34}	$C_{34}C_{31}$	$C_{34}C_{32}$	$C_{34}C_{33}$	$C_{34}C_{34}$
B_4	C_{41}	C_{42}		
C_{41}	$C_{41}C_{41}$	$C_{41}C_{42}$		
C_{42}	$C_{42}C_{41}$	$C_{42}C_{42}$		

注：B_1B_2 表示 B_1 相对于 B_2 的重要程度，以此类推，$X_\alpha Y_\beta$ 表示 X_α 相对于 Y_β 的重要程度，而 B_1B_1 表示 B_1 相对于 B_1 的重要程度，因而恒等于1，同理，$X_\alpha X_\alpha$、$Y_\beta Y_\beta$ 也恒等于1。重要程度均可以量化，具体可以根据 Saaty（萨蒂，1980）的 1~9 测度法通过德尔菲法打分获得量化数值。

运用德尔菲法赋分及模糊数学法进行运算，得到各个判断矩阵内部两两指标间比较的结果及权重（见表 7-3）。

表 7-3　判断矩阵 $MatrixAB_j$、$MatrixB_1C_{mn}$、$MatrixB_2C_{mn}$、$MatrixB_3C_{mn}$、$MatrixB_4C_{mn}$ 的赋分及权重结果

	A	B_1	B_2	B_3	B_4	权重	
$MatrixAB_j$	B_1	1	1/3	1/4	2	0.1297	$\lambda_{max}=4.0812$, CI=0.0271, RI=0.89, CR=0.0304
	B_2	3	1	1/2	3	0.2957	
	B_3	4	2	1	4	0.4829	
	B_4	1/2	1/3	1/4	1	0.0917	

	B_1	C_{11}	C_{12}	C_{13}	权重	
$MatrixB_1Cmn$	C_{11}	1	1/4	1/3	0.1220	$\lambda_{max}=3.0183$, CI=0.0091, RI=0.52, CR=0.0176
	C_{12}	4	1	2	0.5584	
	C_{13}	3	1/2	1	0.3196	

	B_2	C_{21}	C_{22}	C_{23}	C_{24}	权重	
$MatrixB_2Cmn$	C_{21}	1	1/6	1/3	1/4	0.0671	$\lambda_{max}=4.0873$, CI=0.0291, RI=0.89, CR=0.0327
	C_{22}	6	1	3	2	0.4786	
	C_{23}	3	1/3	1	1/3	0.1485	
	C_{24}	4	1/2	3	1	0.3058	

续表

MatrixB₃Cmn	B₃	C₃₁	C₃₂	C₃₃	C₃₄	权重	
	C₃₁	1	1/5	1/4	1/3	0.0715	$\lambda_{max}=4.1075$, CI=0.0358, RI=0.89, CR=0.0403
	C₃₂	5	1	2	3	0.4658	
	C₃₃	4	1/2	1	3	0.3115	
	C₃₄	3	1/3	1/3	1	0.1512	
MatrixB₄Cmn	B₄	C₄₁	C₄₂			权重	
	C₄₁	1	1/3			0.2500	$\lambda_{max}=2$, CI=0, RI=0, CR=0
	C₄₂	3	1			0.7500	

注：在层次分析法中，λ_{max} 表示最大特征根，CR、CI 分别表示一致性（比例）和一致性指标，RI 表示平均随机一致性指标。CR、CI、RI 三者之间的方程关系为 CR=CI/RI，CR 的数值大小是判断是否通过一致性检验的关键指标，若 CR 取值小于 0.1，则通过检验；反之则反是。

根据表 7-3 可知，经过多轮德尔菲法意见交换和打分调整，最终判断矩阵 MatrixAB$_j$、MatrixB$_1$C$_{mn}$、MatrixB$_2$C$_{mn}$、MatrixB$_3$C$_{mn}$、MatrixB$_4$C$_{mn}$ 的最大特征根 λ_{max} 和 CI 的数值偏小，尤其是 CR 取值均小于 0.1，表明 5 个判断矩阵的构建均通过一致性检验，权重计算结果也都满意可靠。

具体纵向分析比较各判断矩阵内部每个指标的权重数值可知，在判断矩阵 MatrixAB$_j$ 中，权重数值最大的是教师指导能力 B$_3$ 和教师培养质量 B$_2$，权重值分别为 0.4829、0.2957，表明教师指导能力 B$_3$ 是判断"双师双能型"教师培养绩效的核心指标，要达到较高的培养绩效水平，必须努力提升教师的指导能力，让"双师双能型"教师在指导学生取得的"双创"研究成果 C$_{31}$、指导学生"双创"比赛获奖 C$_{32}$、指导的学生"双创"项目入园数量 C$_{33}$、指导学生"双创"项目立项数量 C$_{34}$ 四方面取得更多的成绩。教师培养质量 B$_2$ 是重要指标，因此必须下足功夫不断改善其下属各个二级指标 C$_{mn}$ 的绩效表现，如提高研究生学历和博士学位教师的人数，提高教师的"双创"技能实力，丰富"双创"的教学和科研成果，以及提高"双师双能型"教师的"双创"成果转化能力。

第七章 "双创"背景下应用型本科院校"双师双能型"教师培养的提升路径

在判断矩阵 $MatrixB_1C_{mn}$ 中，C_{12} 的权重值最大，达到 0.5584，表明要有效提高教师培养数量，首先要把工作重心放在"双师双能型"教师人数增长率 C_{12} 方面，要多措并举促进"双师双能型"教师数量的增长，鼓励专任教师、兼职教师、校外教师受聘为高校的"双师双能型"教师。在判断矩阵 $MatrixB_2C_{mn}$ 各指标中，教师的"双创"技能实力 C_{22} 和"双创"成果转化能力 C_{24} 的权重值最大，分别为 0.4786 和 0.3058，表明这两个指标是考量教师培养质量 B_2 的最重要指标。而"双创"的教学和科研成果 C_{23} 与教师的最高学历和学位 C_{21} 权重偏小，分别仅为 0.1485、0.0671，表明这两个指标对教师培养质量 B_2 的绩效主要起到辅助和锦上添花的作用。在判断矩阵 $MatrixB_3C_{mn}$ 各指标中，主要体现教师指导能力 B_3 绩效的指标是指导学生"双创"比赛获奖 C_{32} 和指导的学生"双创"项目入园数量 C_{33}，权重值分别为 0.4658、0.3115。C_{32} 侧重考察的是"双师双能型"教师指导的学生在各类竞赛中取得的优异成绩，是考量教师指导能力 B_3 绩效的最核心评价指标。指导的学生"双创"项目入园数量 C_{33} 也是主要的考量指标，侧重考察进入实际培育环节的"双创"项目数量。尽管指导学生取得的"双创"研究成果 C_{31} 和指导学生"双创"项目立项数量 C_{34} 的权重值不大，但这两个指标是教师指导能力 B_3 绩效表现的重要基础，是托起指导学生"双创"比赛获奖 C_{32} 和指导的学生"双创"项目入园数量 C_{33} 绩效的根基，不能忽视和放松。在判断矩阵 $MatrixB_4C_{mn}$ 的两个二级评价指标中，横向课题研究能力 C_{42} 是评价 B_4 绩效的主要指标，权重值为 0.7500，因此要不断鼓励"双师双能型"教师提高从事横向课题研究的积极性，不仅要提高横向课题数量，还要提高研究经费总额。此外，还要充分利用"双师双能型"教师的外部关系引荐校外的政府机构、企事业单位与高校合作展开"双创"教育，以扩大高校"双创"教育的影响力。

综上所述，本章以南昌工程学院为例设计"双创"背景下"双师双能型"教师培养绩效评价指标体系，并通过权重计算得到"双师双能型"教师培养绩效各评价指标相互间的重要性，这为应用型本科院校优化整合学校的各项资源，更有效率地提高教师培养绩效提供了政策靶向。

五、"双师双能型"教师培养路径设计

根据上述研究结论，尤其是绩效评价指标体系的指标权重，下一阶段要做好"双师双能型"教师的培养工作，在做好现状梳理和问题界定的基础上，需要从以下几方面做好工作。

总体上，要不断增强教师成为"双师双能型"教师的动力，既要提高教师对"双师双能型"教师的认识和重视程度，又要减少"双师双能型"教师不必要的继续教育、学生工作、行政工作等，以便于他们专心专职从事"双创"教育工作。

具体来看，在提高教师培养数量方面，要加强顶层规划和设计，多方面出台激励"双创"教育发展和提高"双师双能型"教师地位的举措，如从人才引进、职称评定、绩效考核、年终测评等方面突出"双师双能型"教师的重要地位和权重系数，鼓励校内教师"走出去"进行实践锻炼，努力外聘企事业技术能手担任兼职指导教师。在教师培养质量提高方面，要积极做好典型榜样的宣传工作，对表现突出的教师在聘岗、晋级、职称评聘、工作量计算等方面给予倾斜，重奖做出突出贡献的"双师双能型"教师。在教师指导能力提升方面，一方面要举办高水平的"双师双能型"教师职业技能培训，邀请"双创"大赛的评委、专家、名师开讲座或亲临指导；另一方面要采取具体的提升措施，如采取挂职锻炼、工程实践等方式，使教师参与科研院所、企事业部门的生产实践，还要不断鼓励教师参加与本专业实践技能相关的培训及资质考

试，全面锻造教师的实践能力。同时也要积极学习省内、外同类院校"双师双能型"教师的培养方法、模式，加强校际间的联系，取长补短。在教师外联能力提升方面，要出台专门的"双创"横向课题的经费配套资助、奖励办法，提高"双师双能型"教师从事横向课题研究的积极性。同时对于"双师双能型"教师引荐达成的"双创"实践基地、产学研基地，也要配套奖励。

第八章 应用型本科院校财会类教师思政施教能力的评价体系构建与测评

一、引言与文献综述

大思想政治教育（以下简称"大思政"教育）是高校立德树人的根本任务和核心内容，"大思政"背景下，开展全员、全过程、全方位思政育人，成为高校推动思政教育的新风向、新目标和新动力。高校作为推动"大思政"教育迈步向前、高质量发展的主阵地和核心载体，本身就担负着"为党育人、为国育才"的使命职责，因而做好"大思政"教育既是高校义不容辞、理应承担的时代重任，又是高校切实服务大众、回馈社会的生动实践。

高校是推动"大思政"教育迈步向前、高质量发展的主阵地和核心载体，也是培养信念坚定、能力卓越、爱国爱人民的社会主义事业合格接班人的重要场所，肩负着为"大思政"教育打造优质师资，创新多元教学模式，拓展多维协同路径，构建完善的教育体系等任务。应用型本科高校作为新时代教育领域人才供给侧结构性改革的创新院校类型，以应用型、技能型、实践型人才培养为重点，这种办学定位更容易使其在实际育人过程中，因聚焦强调技能培养，而诱发对思政教育的重视不足，甚至思政教育被边缘化的现象。因而应用型本科院校要想达成高质量、高效率转型目标，关键在于始终如一坚持以"大思政"教育为思想指引与工作牵引，通过全方位、全过程、全领域的教育教学模式，培育具备敬业奉献精神、家国情怀和远大抱负的技能型、实践型人才。如此，才能确保在教育改革发展的浪潮中，实现爱国爱民爱岗人才培养与学校螺旋式向上发展的双重目标，为社会输送既有扎实专业技能，又有高尚道德品质与坚定理想信念的复合型人才。

在全国教育领域持续加快"大思政"教育发展的宏观背景下，应用型本科高校站在了新的发展十字路口，面临着新的机遇与挑战。"大思政"教育所倡导的构建全员、全过程、全方位育人大格局为应用型本科高校转型指明了新的前行方向。应用型本科高校需要不断加强对思政教育在人才培养中的根基地位的认识，不断提升思政教育在学生动手能力、技能训练、实践实训中的引领作用，真正把思政作为头等大事放到育人的优先位置，把落实思政育人理念作为关键环节贯穿到应用型高素质人才培养的每一个过程、每一项步骤当中。

应用型本科高校中的财会类专业由于具有显著的应用型人才培养的指向特征，容易在育人育才过程中将重心过度偏向财务实操技能、会计软件运用、税务申报流程等专业技能的培养上。这一倾向虽契合专业的应用型定位，但也潜藏着思政教育被边缘化的风险。

因而在"大思政"教育持续全面推进的当下，思政教育对于应用型本科高校，尤其是财会类专业高质量发展的思想基石作用愈发凸显。然而，怎样让思政教育真正落地扎根于应用型本科高校财会类专业的教育教学之中，是当前亟待解决的实际难题。毋庸置疑，教师作为思政教育的直接参与者，其施教能力的高低直接影响着思政育人的成效，因而打造一支"愿战、能战、善战"的思政教师队伍是破解这一难题的重要途径。对应用型本科高校而言，全面、精准地摸清本校财会类专业教师当下的思政施教能力，找准影响能力提升的堵点和短板，进而找到施策靶向精准发力，对促进财会类专业教师思政施教能力的提升事半功倍，这是解决难题的首要且关键的一步。因而本章在"大思政"背景下针对应用型本科高校财会类专业教师思政施教能力的评测与提升研究极具现实价值和实践意义。

当前从高校、教师角度探究推动思政教育发展的研究主要从困境挑战、课程思政、协同融合施教、思政素养四大方面展开。

（一）困境挑战方面

现阶段高校推动思政教育发展仍面临运行机制不健全、方式方法不新颖、课程体系不完善、指导教师能力不足的现实困境（李昊远，2025），体制机制支撑力度有待加强、课程思政建设趋向于同质化等突出问题（李博和陈栋，2021）。此外，也存在教师不同角色冲突（陈晓云和朱新卓，2017）、教师职称晋升受限（陈晓云，2019）、教师思政教育水平有待提升（尹照涵和黄建军，2025）、教学资源不足与更新滞后等困境（付国华和张浩瑜，2025）。同时又面临全媒体（邹太龙、戚冠辉，2024）、新媒体、5G（安静，2022，王元抗和任怀艺，2024）、人工智能（何茂昌，2021）等对思政施教工作带来的挑战。

（二）课程思政方面

课程思政是高校开展思政教育的主阵地，深入开展课程思政是高校适应新质生产力发展的需要，也是为党和国家培养品学兼优高素质人才的关键内容（武雪，2025）。那该如何做好课程思政？学者们认为一是在宏观层面上需要发挥好如（智能）技术赋能（张铭凯，2022；张瑞和廖慧娇，2024）的外力作用，二是在微观层面上需要做好不同院校如体育院校（薛冬雪，2025）、高职院校（武雪，2025；付国华和张浩瑜，2025）农林院校（谢勇，2024）等，不同专业如体育（赵富学，2024）、工商管理（刘刚等，2024；）、财务管理（蒋祝仙，2024）、医学（何星，2024）、生物学（陈龙等，2024）等的课程思政工作。

（三）协同融合施教方面

要更好地发挥思政教育的育人效能，需要促进不同要素、主体的协同一体化，如构建强师育人、专业育人、课程育人、文化育人、实践育人"五育融合"的课程思政协同育人机制（钟飞燕，2023）。具体来看，一是要实现教师在思政课程与课程思政上的互补共进；二是要实现不同类型师资在思政施教中的一体化，重视辅导员参与（杨仲迎，2024）和专业课教师参与（王红雨和闫广芬，2025），实现队伍协同（涂刚鹏和刘宇菲，2020）；三是要实现高校思政教育与创新创业教育融合（檀西西，2024），如职业院校劳动教育与思政教育融合育人（周学莲，2023）、高校教学管理与思政教育有机融合（李辉，2023）；四是要利用好革命场馆、红色文化和高校思政协同育人的空间向度（梅萍和李婵玲，2024）。

（四）思政素养方面

围绕教师的思政素养研究，学者们从职业素养（尹照涵和黄建军，2025）、核心素养（周利娟，2023）、专业素养（李寒梅和赵冰清，2024）、政治素养（单茹茹，2024）、师德素养（王腊妹和王晓红，2023）等方面展开多维度研究，其中教师思政教育的数字素养是主要研究内容，相关研究最为集中和广泛。针对思政教育数字素养的研究从数字素养的经验启示（陈星等，2025）、价值意蕴（李颖和唐晓勇，2024）、现实问题（康秀云和于喜水，2024）、提升策略（盖逸馨和浩日娃，2024）等方面展开较为全面和系统的定性研究。

综上，在围绕高校、教师如何做好思政教育工作这一关键议题上，众多学者聚焦于困境挑战、课程思政、协同融合及思政素养四大内容领域，开展了富有成效的深入探究。这些研究为高校思政教育体系的完善

第八章 应用型本科院校财会类教师思政施教能力的评价体系构建与测评

提供了理论支撑,也进一步激发了教师投身思政教育工作的积极性。但遗憾的是,现阶段针对思政评价指标体系的研究数量有限,大多数研究仍以理论推演、逻辑演绎和定性剖析为主要研究范式(胡滨和李婕,2022)。从教师视角出发,针对思政施教能力构建评价体系并开展定量评测的研究鲜见。特别是针对财会类专业这种应用性强、对专业素养要求高且"不做假账"的思政教育极为关键的领域,专门性研究更是不足。本章创新性地将思政育人、应用型本科高校及财会类专业教师三个要素耦合关联展开研究,是对现有研究框架的突破,具有较为显著的边际贡献。

二、构建教师思政施教能力的指标体系

在"大思政"背景下,高校教师的思政施教能力,很大程度上被政策引导、知识储备、业绩荣誉、育人成效、外部评价五大因素影响着。其中,政策引导从宏观维度驱动发力,为提升教师思政施教能力指明前进方向并提供强大推力。知识储备则是内驱基石,在丰富教学内容的同时为高质量的思政教学筑牢根基。业绩荣誉直观反映教师自身实力,彰显教师在思政教育领域的成就。育人成效承载着教师思政施教的实际成果,展现出思政教育的魅力价值。而外部评价则能从多元视角为教师思政施教效果提供反馈信息,有助于教师不断反思并优化施教方法。基于此,本章首先对这五大驱动因素影响教师思政施教能力的内在逻辑展开定性推演,随后运用德尔菲法、层次分析法、系统分析法,构建起多层级、可量化、系统性的指标体系。

(一)五大因素影响教师思政施教能力的逻辑演绎

政策的出台和设计是鼓励和引导教师积极参与思政施教的前提。按照西方经济学的"经济人"假设,教师作为独立经济个体,在讲奉献的

同时，也会受到评职称、聘岗、业绩考核、评优评先等职业发展因素的左右和限制，因此学校通过发布相关文件及方案，首先，能为高校教师思政施教提供内容、框架、方向上的依据和要求；其次，能为教师思政施教提供工作目标指引和导向；再次，能为教师提升思政施教能力提供资源、资金、制度、协调等方面的支持、投入和保障，助力教师更新知识内容，提高施教水平；最后，通过构建管理、激励、监督、评价体系，能进一步提升教师思政施教的主动性、积极性、持续性和创新性。

（1）政策引导方面。政策的不断出台与顶层设计，无疑是激励并引导教师从事思政教育的强大牵引力和推动力。参照西方经济学中"经济人"的理论假设，教师是具有独立属性的经济个体，在本着乐于奉献的精神从事教育工作的同时，其职业发展也会显著受到诸如职称评定、岗位聘任、业绩考核，以及评优评先等一揽子现实因素的影响和约束。基于此，各级部门及时制定并发布相关政策，制订方案，会对教师思政施教意愿与水平的提升产生直接影响。首先，这些政策文件为教师思政施教勾勒出基本框架、明确了施教的总体方向，也为教师思政施教实践提供了明确的依据和要求。其次，这些文件为教师思政施教确立了清晰且可行的目标，为教师的思政施教过程提供了明确的指引和导向，使教师的思政教学工作更具针对性。再次，这些文件全方位、多维度、综合全面地为教师思政施教能力的提升提供了强有力的支撑，涵盖了丰富的教学资源、充足的资金保障、完善的制度体系，以及高效的协调机制等诸多方面，助力教师不断更新自身知识储备，持续提升施教水平，以更好地适应新时代思政教育发展对教师个人能力的要求。最后，通过构建科学合理和行之有效的管理、激励、监督与评价体系，能够进一步深度激发教师开展思政施教的主动性与积极性，确保思政教学工作具备良好的持续性与创新性，为教师开展思政施教注入源源不断的推动力。

（2）知识储备方面。教师自身扎实的思政知识储备是做好思政施教

第八章 应用型本科院校财会类教师思政施教能力的评价体系构建与测评

工作的基础。拥有深厚、扎实、丰富的思政知识,既能让教师在教学中将抽象复杂的思政理论知识讲透彻,也能让教师更容易在不同学科的专业知识讲解中巧妙融合思政内容,进一步拓宽授课知识的广度。其次,能够保证教学内容的精准和及时更新,帮助教师正确解答敏感的政治、历史问题,避免传授不准确、过时的知识,树立自身的权威性。此外,高水平的思政知识储备也为助力教师自身灵活选择教学方法、创新教学模式提供了可能、空间和保障,有助于教师进一步提升思政施教能力。

(3)业绩荣誉方面。教师获得的业绩荣誉是其思政施教能力的直接外在表征,也是被高度认可的证明。首先,获得业绩荣誉会增强教师思政施教的自信心与兴趣,使得教师以更积极的态度从事思政教学工作,不断探索和试用新的教学模式及方法,获取更佳的教学效果。其次,获得业绩荣誉对提升教师自身思政业务水平大有裨益。教师为了获得业绩荣誉,往往会在教学、科研等诸多领域有卓越表现。业绩荣誉会驱动教师持续接触、学习、吸收新的思政理论知识,密切关注思政学科前沿动态,踊跃参与教学研究和改革实践活动。

(4)育人成效方面。基于学生层面的育人成效是衡量教师施教能力的间接体现。教师思政施教的对象是学生,思政施教带来的学生思想认知提升、学生品德修养提高、学生所获表彰表扬增多,能大幅增强教师的施教成就感,这种成就感易成为教师施教能力提升的动力,让老师意识到思政施教工作的价值,激发教师施教的积极性,也能够让教师进一步查找施教过程中的不足,进而优化教学内容和方法。同时,育人成效衍生形成的新经验、新方法、新观点也有利于教师之间的交流、互动和学习,实现施教能力的共同提升。

(5)外部评价方面。外部评价也是影响教师思政施教能力的重要因素。外部评价首先能够提供中肯、客观的施教效果反馈,能够指出教师施教的不足和短板,明确后续改进的方向,有利于教师有针对性地改进并提升能力。其次是通过外部评价可以增强教师的授业导向性、责任感和竞争意识，教师要想获得良好的外部评价，就需要在施教的内容、方法、观念等方面不断借鉴、更新、创新和完善，这就使得外部评价成为驱动教师不断提升思政施教能力的外部动力。

（二）指标设计与选择

针对本章研究的目的和对象，基于上述影响逻辑的演绎，综合采用德尔菲法、层次分析法、系统分析法和模糊数学法等研究方法，以"大思政"环境下应用型本科高校教师思政施教能力为研究目标（目标层）A，设计了包括政策引导 B_1、知识储备 B_2、业绩荣誉 B_3、育人成效 B_4、外部评价 B_5 在内的 5 个一级指标（准则层）B，政策鼓励 C_1、政策督促 C_2、教学知识 C_3、继续教育 C_4、科研成果 C_5、教学获奖 C_6、赞誉称号 C_7、学生思想认知 C_8、学生品德修养 C_9、学生表彰表扬 C_{10}、校内认可 C_{11}、校外反馈 C_{12} 在内的 12 个二级指标（子准则层）C，包括专门支持政策 D_1、专项经费支持 D_2、评优评先倾斜 D_3、思政教学评估 D_4、平时表现检查 D_5、师德师风考察 D_6、教学材料思政体现 D_7、课程建设思政体现 D_8、课外思政活动参与 D_9、继续教育学时 D_{10}、发表的论文 D_{11}、出版的著作 D_{12}、主持或参与的课题项目 D_{13}、思政类课程 D_{14}、教学成果奖 D_{15}、综合素质类 D_{16}、专业技能类 D_{17}、知识测评 D_{18}、学习积极性 D_{19}、行为规范遵守 D_{20}、公益实践参与 D_{21}、被报道宣传的事迹 D_{22}、各类评优评先 D_{23}、同事认可 D_{24}、学生认可 D_{25}、社会影响力 D_{26}、家长反馈 D_{27}、企业反馈 D_{28} 在内的 28 个三级指标（方案层）D 的评价指标体系，并且对三级指标的指标含义进行详细阐释，这是本章进行调研收集数据的具体指向和依据（见表 8-1）。

根据表 8-1 可发现，研究目标 A 的评价指标集 A-ei＝{B_1，B_2，B_3，B_4，B_5}；二级指标 B 的评价指标集 B-ei＝{B_1-ei＝[C_1，C_2]，

第八章 应用型本科院校财会类教师思政施教能力的评价体系构建与测评

B_2-ei＝[C_3，C_4]，B_3-ei＝[C_5，C_6，C_7]，B_4-ei＝[C_8，C_9，C_{10}]，B_5-ei＝[C_{11}，C_{12}]}；三级指标 C-ei＝{C_1-ei＝[D_1，D_2，D_3]，C_2-ei＝[D_4，D_5，D_6]，C_3-ei＝[D_7，D_8]，C_4-ei＝[D_9，D_{10}]，C_5-ei＝[D_{11}，D_{12}，D_{13}]，C_6-ei＝[D_{14}，D_{15}]，C_7-ei＝[D_{16}，D_{17}]，C_8-ei＝[D_{18}，D_{19}]，C_9-ei＝[D_{20}，D_{21}]，C_{10}-ei＝[D_{22}，D_{23}]，C_{11}-ei＝[D_{24}，D_{25}，D_{26}]，C_{12}-ei＝[D_{27}，D_{28}]}。由此得到各级指标间的判断矩阵 MatrixAB、MatrixB$_1$C、MatrixB$_2$C、MatrixB$_3$C、MatrixB$_4$C、MatrixB$_5$C、MatrixC$_1$D、MatrixC$_2$D、MatrixC$_3$D、MatrixC$_4$D、MatrixC$_5$D、MatrixC$_6$D、MatrixC$_7$D、MatrixC$_8$D、MatrixC$_9$D、MatrixC$_{10}$D、MatrixC$_{11}$D、MatrixC$_{12}$D（见表 8-2），这些矩阵均是进行同级指标间相对重要性赋分的基本架构。

表 8-1　"大思政"背景下教师思政施教能力的评价指标体系构建

研究目标	一级指标	二级指标	三级指标	指标的具体阐释
A	政策引导 B_1	政策鼓励 C_1	专门支持政策 D_1	国家级、省级、校级、院级关于促进高校和学院发展思政工作的政策数量
			专项经费支持 D_2	对推动思政相关工作的各项科研、教学、活动开展等的经费投入总额
			评优评先倾斜 D_3	对评职称、聘岗、评奖、评先进等单独给予的指标数量
		政策督促 C_2	思政教学评估 D_4	水平评估、合格评估、审核评估、临时评估等各类教学评估的次数
			平时表现检查 D_5	课堂听课、教学材料抽查、试卷检查、学生反馈等的次数
			师德师风考察 D_6	师德师风应知应会测试、师德师风评价表、师德师风自评总结等开展的次数

续表

研究目标	一级指标	二级指标	三级指标	指标的具体阐释
A	知识储备 B_2	教学知识 C_3	教学材料思政体现 D_7	教材（含主编、参编、选用的）、教学大纲、授课计划、教案、试卷中有机融入思政元素的次数
			课程建设思政体现 D_8	国家级、省级、校级的课程思政示范项目，重点建设课程、精品资源共享课、精品微课、示范网络课程、精品视频公开课、双语示范课程、慕课等涉及思政内容的数量
		继续教育 C_4	课外思政活动参与 D_9	参加校级及以上级别的思政类研讨会、讲座、观摩、交流等的人/次
			继续教育学时 D_{10}	在公需科目网络课程、党史学习、思政、职业道德、爱国情操、社会主义思想等线上线下学习培训的学时数
	业绩荣誉 B_3	科研成果 C_5	发表的论文 D_{11}	以第一作者或者通讯作者发表的涉及思政内容的期刊论文、网络理论文章、报纸文章的篇数
			出版的著作 D_{12}	主编、参编、译编的思政类或涉及思政内容的著作数量
			主持或参与的课题项目 D_{13}	涉及思政内容的课题项目的数量
		教学获奖 C_6	思政类课程 D_{14}	主持或参与的国家级、省级或校级的优质思政类课程的门数
			教学成果奖 D_{15}	主持或参与的国家级、省级或校级的教学成果的获奖人/次
		赞誉称号 C_7	综合素质类 D_{16}	国家级、省级或校级的优秀共产党员、感动人物、师德标兵、优秀教师、赣鄱先锋等荣誉的获评人/次
			专业技能类 D_{17}	国家级、省级或校级的教学能手、学科带头人、骨干教师等的获评人/次

第八章 应用型本科院校财会类教师思政施教能力的评价体系构建与测评

续表

研究目标	一级指标	二级指标	三级指标	指标的具体阐释
A	育人成效 B_4	学生思想认知 C_8	知识测评 D_{18}	思政类专题测验通过率的占比
			学习积极性 D_{19}	专业课程考核合格率的占比
		学生品德修养 C_9	行为规范遵守 D_{20}	违规违纪、不文明行为等被通报的人/次
			公益实践参与 D_{21}	志愿服务、社会调研、公益活动、捐助活动的参与人/次
		学生表彰表扬 C_{10}	被报道宣传的事迹 D_{22}	被校内外新闻网站报道的助人为乐、见义勇为、敢于争先等好人好事的人/次
			各类评优评先 D_{23}	荣获的跟思政类、党团类、纪念活动类相关的国家级、省级、校级荣誉奖励
	外部评价 B_5	校内认可 C_{11}	同事认可 D_{24}	督导老师、评估专家通过听课说课、教学材料检查等对课程思政教学的评价获得良好及以上等级的人/次
			学生认可 D_{25}	在担任班主任、学业导师、授课教师的班级中学生的评教获得良好及以上等级的人/次
			社会影响力 D_{26}	国家级、省级、校级各类新闻媒体、客户端上教师被宣传介绍的先进事迹、志愿服务、公益活动的阅读量或点击量
		校外反馈 C_{12}	家长反馈 D_{27}	学生在道德修养、法治意识、家国情怀、心理健康等方面变化表现较好评获得良好及以上等级的人/次
			企业反馈 D_{28}	认同企业文化、理念、"干一行爱一行"的毕业入职学生工作表现较好并获得良好及以上等级的人/次

表 8-2 判断矩阵 MatrixAB、MatrixBC、MatrixCD 的各类表达形式

A	B_1	B_2	B_3	B_4	B_5				
B_1	$B_1 B_1$	$B_1 B_2$	$B_1 B_3$	$B_1 B_4$	$B_1 B_5$				
B_2	$B_2 B_1$	$B_2 B_2$	$B_2 B_3$	$B_2 B_4$	$B_2 B_5$				
B_3	$B_3 B_1$	$B_2 B_2$	$B_3 B_3$	$B_3 B_4$	$B_3 B_5$				
B_4	$B_4 B_1$	$B_4 B_2$	$B_4 B_3$	$B_4 B_4$	$B_4 B_5$				
B_5	$B_5 B_1$	$B_5 B_2$	$B_5 B_3$	$B_5 B_4$	$B_5 B_5$				
B_1	C_1	C_2	B_2	C_3	C_4	B_3	C_5	C_6	C_7
C_1	$C_1 C_1$	$C_1 C_2$	C_3	$C_3 C_3$	$C_3 C_4$	C_5	$C_5 C_5$	$C_5 C_6$	$C_5 C_7$
C_2	$C_2 C_1$	$C_2 C_2$	C_4	$C_4 C_3$	$C_4 C_4$	C_6	$C_6 C_5$	$C_6 C_6$	$C_6 C_7$
						C_7	$C_7 C_5$	$C_7 C_6$	$C_7 C_7$
B_4	C_8	C_9	C_{10}	B_5	C_{11}	C_{12}			
C_8	$C_8 C_8$	$C_8 C_9$	$C_8 C_{10}$	C_{11}	$C_{11} C_{11}$	$C_{11} C_{12}$			
C_9	$C_9 C_8$	$C_9 C_9$	$C_9 C_{10}$	C_{12}	$C_{12} C_{11}$	$C_{12} C_{12}$			
C_{10}	$C_{10} C_8$	$C_{10} C_9$	$C_{10} C_{10}$						
C_1	D_1	D_2	D_3	C_2	D_4	D_5	D_6		
D_1	$D_1 D_1$	$D_1 D_2$	$D_1 D_3$	D_4	$D_4 D_4$	$D_4 D_5$	$D_4 D_6$		
D_2	$D_2 D_1$	$D_2 D_2$	$D_2 D_3$	D_5	$D_5 D_4$	$D_5 D_5$	$D_5 D_6$		
D_3	$D_3 D_1$	$D_3 D_2$	$D_3 D_3$	D_6	$D_6 D_4$	$D_6 D_5$	$D_6 D_6$		
C_3	D_7	D_8	C_4	D_9	D_{10}	C_5	D_{11}	D_{12}	D_{13}
D_7	$D_7 D_7$	$D_7 D_8$	D_9	$D_9 D_9$	$D_9 D_{10}$	D_{11}	$D_{11} D_{11}$	$D_{11} D_{12}$	$D_{11} D_{13}$
D_8	$D_8 D_7$	$D_8 D_8$	D_{10}	$D_{10} D_9$	$D_{10} D_{10}$	D_{12}	$D_{12} D_{11}$	$D_{12} D_{12}$	$D_{12} D_{13}$
						D_{13}	$D_{13} D_{11}$	$D_{13} D_{12}$	$D_{13} D_{13}$
C_6	D_{14}	D_{15}	C_7	D_{16}	D_{17}	C_8	D_{18}	D_{19}	
D_{14}	$D_{14} D_{14}$	$D_{14} D_{15}$	D_{16}	$D_{16} D_{16}$	$D_{16} D_{17}$	D_{18}	$D_{18} D_{18}$	$D_{18} D_{19}$	
D_{15}	$D_{15} D_{14}$	$D_{15} D_{15}$	D_{17}	$D_{17} D_{16}$	$D_{17} D_{17}$	D_{19}	$D_{19} D_{18}$	$D_{19} D_{19}$	
C_9	D_{20}	D_{21}	C_{10}	D_{22}	D_{23}	C_{11}	D_{24}	D_{25}	
D_{20}	$D_{20} D_{20}$	$D_{20} D_{21}$	D_{22}	$D_{22} D_{22}$	$D_{22} D_{23}$	D_{24}	$D_{24} D_{24}$	$D_{24} D_{25}$	
D_{21}	$D_{21} D_{20}$	$D_{21} D_{21}$	D_{23}	$D_{23} D_{22}$	$D_{23} D_{23}$	D_{25}	$D_{25} D_{24}$	$D_{25} D_{25}$	
C_{12}	D_{26}	D_{27}	D_{28}						
D_{26}	$D_{26} D_{26}$	$D_{26} D_{27}$	$D_{26} D_{28}$						
D_{27}	$D_{27} D_{26}$	$D_{27} D_{27}$	$D_{27} D_{28}$						
D_{28}	$D_{28} D_{26}$	$D_{28} D_{27}$	$D_{28} D_{28}$						

三、各级指标权重的计算与对比

以 Saaty1～9 打分法为基础，并采用德尔菲法、层次分析法、模糊数学法对表 8-2 中各个判断矩阵进行两两指标间的重要性（见表 8-3）对比打分及权重结果计算（见表 8-4）。其中，权重计算的总体思路如下：一是将判断矩阵的各元素每行相乘得到 $P_i = \prod_{i=1}^{n} U_{ii}$，$i = 1, 2, \cdots, n$；二是开始计算指标权重 $W_i = \dfrac{\sqrt[n]{P_i}}{n}$；三是利用公式 $CR = \dfrac{CI}{RI}$ 进行一致性检验，分子 CI 是一致性指标，用公式 $CI = \dfrac{\lambda_{max} - n}{n - 1}$（$\lambda_{max}$ 是最大特征根）可计算得到，分母 RI 是平均随机性指标，其数值可查表得到，需要注意的是，只有满足 CR 小于 0.1 的要求，才能佐证该判断矩阵合理可用。

表 8-3　Saaty1～9 打分法的 $α_m$、$β_n$ 指标重要性对比

打分	$α_m$、$β_n$ 对比的结果阐释	打分	$β_n$、$α_m$ 对比的结果阐释
1	$α_m$、$β_n$ 重要性相同	1/1	$β_n$、$α_m$ 重要性相同
2	上下相邻重要性的平均数	1/2	上下相邻重要性的平均数
3	$α_m$ 比 $β_n$ 略重要	1/3	$β_n$ 比 $α_m$ 略重要
4	上下相邻重要性的平均数	1/4	上下相邻重要性的平均数
5	$α_m$ 比 $β_n$ 较重要	1/5	$β_n$ 比 $α_m$ 较重要
6	上下相邻重要性的平均数	1/6	上下相邻重要性的平均数
7	$α_m$ 比 $β_n$ 很重要	1/7	$β_n$ 比 $α_m$ 很重要
8	上下相邻重要性的平均数	1/8	上下相邻重要性的平均数
9	$α_m$ 比 $β_n$ 极重要	1/9	$β_n$ 比 $α_m$ 极重要

表 8-4　判断矩阵 MatrixAB 的德尔菲法赋分结果

	A	B_1	B_2	B_3	B_4	B_5	权重	
判断矩阵 MatrixAB	B_1	1	1/2	1/3	1/4	1	0.0873	$\lambda_{max}=5.3633$、
	B_2	2	1	1/3	1/2	2	0.1519	$CI=0.0908$、
	B_3	3	3	1	1/3	3	0.2557	$CR=0.0811$、
	B_4	4	2	3	1	4	0.4105	$RI=1.12$
	B_5	1	1/2	1/4	1/2	1	0.0946	

对表 8-4、表 8-5、表 8-6、表 8-7 进行分析可以总结发现，各个判断矩阵 MatrixAB、MatrixB$_1$C、MatrixB$_2$C、MatrixB$_3$C、MatrixB$_4$C、MatrixB$_5$C、MatrixC$_1$D、MatrixC$_2$D、MatrixC$_3$D、MatrixC$_4$D、MatrixC$_5$D、MatrixC$_6$D、MatrixC$_7$D、MatrixC$_8$D、MatrixC$_9$D、MatrixC$_{10}$D、MatrixC$_{11}$D、MatrixC$_{12}$D 的最大特征根 λ_{max} 和一致性指标 CI 数值都偏小，尤其是一致性比率 CR 数值均通过小于 0.1 的检验，由此可以判断上述所有的判断矩阵都通过了一致性检验，说明判断矩阵构建均合理，权重结果满意可靠。同样可以得到各个判断矩阵的权重分别为：判断矩阵 MatrixAB 的权重 WAB＝［0.0873　0.1519　0.2557　0.4105　0.0946］，判断矩阵 MatrixB$_1$C 的权重 WBC$_{1-2}$＝［0.6667　0.3333］，判断矩阵 MatrixB$_2$C 的权重 WBC$_{3-4}$＝［0.6667　0.3333］，判断矩阵 MatrixB$_3$C 的权重 WBC$_{5-7}$＝［0.2970　0.5396　0.1634］，判断矩阵 MatrixB$_4$C 的权重 WBC$_{8-10}$＝［0.1634　0.2970　0.5396］，判断矩阵 MatrixB$_5$C 的权重 WBC$_{11-12}$＝［0.5000　0.5000］，判断矩阵 MatrixC$_1$D 的权重 WCD$_{1-3}$＝［0.1958　0.4934　0.3108］，判断矩阵 MatrixC$_2$D 的权重 WCD$_{4-6}$＝［0.3333　0.3333　0.3333］，判断矩阵 MatrixC$_3$D 的权重 WCD$_{7-8}$＝［0.5　0.5］，判断矩阵 MatrixC$_4$D 的权重 WCD$_{9-10}$＝［0.25　0.75］，判断矩阵 MatrixC$_5$D 的权重 WCD$_{11-13}$＝［0.3333　0.3333　0.3333］，判断矩阵 MatrixC$_6$D 的权重 WCD$_{14-15}$＝［0.2　0.8］，判断矩阵 MatrixC$_7$D 的权重 WCD$_{16-17}$＝［0.5　0.5］，判断矩阵 MatrixC$_8$D 的权重 WCD$_{18-19}$＝［0.25　0.75］，判断矩阵 MatrixC$_9$D 的权重 WCD$_{20-21}$＝［0.3333　0.6667］，判断矩阵 MatrixC$_{10}$D 的权重 WCD$_{22-23}$＝［0.6667　0.3333］，判断矩阵 MatrixC$_{11}$D 的权重 WCD$_{24-25}$＝［0.3333　0.6667］，判断矩阵 MatrixC$_{12}$D 的权重 WCD$_{26-28}$＝［0.5396　0.1634　0.2970］。

表 8-5　判断矩阵 $MatrixB_1C$、$MatrixB_2C$、$MatrixB_3C$、$MatrixB_4C$、$MatrixB_5C$ 的德尔菲法专家赋分结果

判断矩阵	B_1	C_1	C_2	权重	
判断矩阵 $MatrixB_1C$	C_1	1	2	0.6667	$\lambda_{max}=2$、CI=0、CR=0、RI=0
	C_2	1/2	1	0.3333	
	B_2	C_3	C_4	权重	
判断矩阵 $MatrixB_2C$	C_3	1	2	0.6667	$\lambda_{max}=2$、CI=0、CR=0、RI=0
	C_4	1/2	1	0.3333	
	B_4	C_5	C_6	C_7	权重	
判断矩阵 $MatrixB_3C$	C_5	1	1/2	2	0.2970	$\lambda_{max}=3.0092$、CI=0.0046、CR=0.0088、RI=0.52
	C_6	2	1	3	0.5396	
	C_7	1/2	1/3	1	0.1634	
	B_4	C_8	C_9	C_{10}	权重	
判断矩阵 $MatrixB_4C$	C_8	1	1/2	1/3	0.1634	$\lambda_{max}=3.0092$、CI=0.0046、CR=0.0088、RI=0.52
	C_9	2	1	1/2	0.2970	
	C_{10}	3	2	1	0.5396	
	B_5	C_{11}	C_{12}	权重	
判断矩阵 $MatrixB_5C$	C_{11}	1	1	0.5000	$\lambda_{max}=2$、CI=0、CR=0、RI=0
	C_{12}	1	1	0.5000	

表 8-6　判断矩阵 $MatrixC_1D$、$MatrixC_2D$、$MatrixC_3D$、$MatrixC_4D$、$MatrixC_5D$、$MatrixC_6D$、$MatrixC_7D$、$MatrixC_8D$、$MatrixC_9D$、$MatrixC_{10}D$、$MatrixC_{11}D$、$MatrixC_{12}D$ 的德尔菲法专家赋分结果

判断矩阵	C_1	D_1	D_2	D_3	权重	
判断矩阵 $MatrixC_1D$	D_1	1	1/2	1/2	0.1958	$\lambda_{max}=3.0536$、CI=0.0268、CR=0.0516、RI=0.52
	D_2	2	1	2	0.4934	
	D_3	2	1/2	1	0.3108	
	C_2	D_4	D_5	D_6	权重	
判断矩阵 $MatrixC_2D$	D_4	1	1	1	0.3333	$\lambda_{max}=3$、CI=0、CR=0、RI=0.52
	D_5	1	1	1	0.3333	
	D_6	1	1	1	0.3333	

续表

判断矩阵 $MatrixC_3D$	C_3	D_7	D_8	权重	$\lambda_{max}=2$、CI=0、CR=0、RI=0
	D_7	1	1	0.5	
	D_8	1	1	0.5	

判断矩阵 $MatrixC_4D$	C_4	D_9	D_{10}	权重	$\lambda_{max}=2$、CI=0、CR=0、RI=0
	D_9	1	1/3	0.25	
	D_{10}	3	1	0.75	

判断矩阵 $MatrixC_5D$	C_5	D_{11}	D_{12}	D_{13}	权重	$\lambda_{max}=3$、CI=0、CR=0、RI=0.52
	D_{11}	1	1	1	0.3333	
	D_{12}	1	1	1	0.3333	
	D_{13}	1	1	1	0.3333	

判断矩阵 $MatrixC_6D$	C_6	D_{14}	D_{15}	权重	$\lambda_{max}=2$、CI=0、CR=0、RI=0
	D_{14}	1	1/4	0.2	
	D_{15}	4	1	0.8	

判断矩阵 $MatrixC_7D$	C_7	D_{16}	D_{17}	权重	$\lambda_{max}=2$、CI=0、CR=0、RI=0
	D_{16}	1	1	0.5	
	D_{17}	1	1	0.5	

判断矩阵 $MatrixC_8D$	C_8	D_{18}	D_{19}	权重	$\lambda_{max}=2$、CI=0、CR=0、RI=0
	D_{18}	1	1/3	0.25	
	D_{19}	3	1	0.75	

判断矩阵 $MatrixC_9D$	C_9	D_{20}	D_{21}	权重	$\lambda_{max}=2$、CI=0、CR=0、RI=0
	D_{20}	1	1/2	0.3333	
	D_{21}	2	1	0.6667	

判断矩阵 $MatrixC_{10}D$	C_{10}	D_{22}	D_{23}	权重	$\lambda_{max}=2$、CI=0、CR=0、RI=0
	D_{22}	1	2	0.6667	
	D_{23}	1/2	1	0.3333	

判断矩阵 $MatrixC_{11}D$	C_{11}	D_{24}	D_{25}	权重	$\lambda_{max}=2$、CI=0、CR=0、RI=0
	D_{24}	1	1/2	0.3333	
	D_{25}	2	1	0.6667	

判断矩阵 $MatrixC_{12}D$	C_{12}	D_{26}	D_{27}	D_{28}	权重	$\lambda_{max}=3.0092$、CI=0.0046、CR=0.0088、RI=0.52
	D_{26}	1	3	2	0.5396	
	D_{27}	1/3	1	1/2	0.1634	
	D_{28}	1/2	2	1	0.2970	

第八章 应用型本科院校财会类教师思政施教能力的评价体系构建与测评

表 8-7 判断矩阵 MatrixAB、MatrixBC、MatrixCD 的指标权重及一致性检验结果

研究目标	一级指标名称	指标权重	一致性检验	二级指标名称	指标权重	一致性检验	三级指标名称	指标权重	一致性检验
A	B_1	0.0873	$\lambda_{max}=5.3633$, CI=0.0908, CR=0.0811, RI=1.12	C_1	0.6667	$\lambda_{max}=2$, CI=0, CR=0, RI=0	D_1	0.1958	$\lambda_{max}=3.0536$, CI=0.0268, CR=0.0516, RI=0.52
							D_2	0.4934	
							D_3	0.3108	
				C_2	0.3333		D_4	0.3333	$\lambda_{max}=3$, CI=0, CR=0, RI=0.52
							D_5	0.3333	
							D_6	0.3333	
	B_2	0.1519		C_3	0.6667	$\lambda_{max}=2$, CI=0, CR=0, RI=0	D_7	0.5	$\lambda_{max}=2$, CI=0, CR=0, RI=0
							D_8	0.5	
				C_4	0.3333		D_9	0.25	$\lambda_{max}=2$, CI=0, CR=0, RI=0
							D_{10}	0.75	
	B_3	0.2557		C_5	0.2970	$\lambda_{max}=3.0092$, CI=0.0046, CR=0.0088, RI=0.52	D_{11}	0.3333	$\lambda_{max}=3$, CI=0, CR=0, RI=0.52
							D_{12}	0.3333	
							D_{13}	0.3333	
				C_6	0.5396		D_{14}	0.2	$\lambda_{max}=2$, CI=0, CR=0, RI=0
							D_{15}	0.8	
				C_7	0.1634		D_{16}	0.5	$\lambda_{max}=2$, CI=0, CR=0, RI=0
							D_{17}	0.5	

续表

一级指标			二级指标			三级指标		
指标名称	指标权重	一致性检验	指标名称	指标权重	一致性检验	指标名称	指标权重	一致性检验
B_4	0.4105		C_8	0.1634	$\lambda_{max}=3.0092$, $CI=0.0046$, $CR=0.0088$, $RI=0.52$	D_{18}	0.25	$\lambda_{max}=2$, $CI=0$, $CR=0$, $RI=0$
						D_{19}	0.75	
			C_9	0.2970		D_{20}	0.3333	$\lambda_{max}=2$, $CI=0$, $CR=0$, $RI=0$
						D_{21}	0.6667	
			C_{10}	0.5396		D_{22}	0.6667	$\lambda_{max}=2$, $CI=0$, $CR=0$, $RI=0$
						D_{23}	0.3333	
B_5	0.0946		C_{11}	0.5000	$\lambda_{max}=2$, $CI=0$, $CR=0$, $RI=0$	D_{24}	0.3333	$\lambda_{max}=2$, $CI=0$, $CR=0$, $RI=0$
						D_{25}	0.6667	
			C_{12}	0.5000		D_{26}	0.5396	$\lambda_{max}=3.0092$, $CI=0.0046$, $CR=0.0088$, $RI=0.52$
						D_{27}	0.1634	
						D_{28}	0.2970	

第八章 应用型本科院校财会类教师思政施教能力的评价体系构建与测评

四、对南昌工程学院财会类专业教师思政施教能力的个案识别

以南昌工程学院财务管理（工程施工和企业财务管理方向）、审计学（工程审计和注册会计师方向）两个本科专业的专任教师、辅导员、班主任的思政施教能力为研究对象，采取重点抽样和典型抽样方法对这两个专业的大一、大二、大三、大四本科在校生，以及2024届、2023届、2022届本科毕业生就业的单位，通过查阅相关行政部门、二级学院、OA办公系统的教学、科研、管理、评估、检查、文件等资料的方式，以及问卷调查、课堂观摩、座谈访谈等手段得到表8-1中的三级指标D所需要的一系列原始资料数据和网络公开数据，供专家评阅确定评语等级等使用，以期对南昌工程学院财务管理和审计学专业教师思政施教能力进行更真实、客观的定量评测。

对样本院校财会类教师思政施教能力进行评分的基本思路是：采用模糊数学和系统分析的方法，首先确定（模糊）评语等级，其次创建（模糊）评价矩阵，再次进行（模糊）综合评价，最后计算得到最终评分。

（一）确定（模糊）评语集

模糊评语集的作用主要是对表8-1中的各个三级指标的实际表现进行等级评定，等级评定的依据就是本研究团队搜集得到的相关数据和资料。为研究便利，假定存在优、良、中、过、差共五类等级，再将五类等级进行数字化转化，令优为90分（含）以上、良为80分（含）以上、中为70分（含）以上、过为60分（含）以上、差为60分以下，但为了统计方便，再令95分、85分、75分、65分、55分依次为各等级的代表值，由此可以得到模糊评语集的列矩阵R^T，$R^T = \begin{bmatrix} 95 & 85 & 75 & 65 & 55 \end{bmatrix}$。

（二）创建（模糊）评价矩阵

首先统计得到专家对样本院校三级指标归属等级的比重（见表8-8）。

表 8-8　专家对方案层指标隶属等级评判的比重情况

三级指标	归属等级的比重					三级指标	归属等级的比重				
D_1	0.4	0.4	0.2	0	0	D_{15}	0.3	0.6	0.1	0	0
D_2	0.2	0.6	0	0.2	0	D_{16}	0.3	0.6	0.1	0	0
D_3	0.3	0.5	0.2	0	0	D_{17}	0.3	0.5	0.1	0.1	0
D_4	0.3	0.5	0.1	0.1	0	D_{18}	0.5	0.3	0.2	0	0
D_5	0.3	0.6	0.1	0	0	D_{19}	0.2	0.6	0.1	0.1	0
D_6	0.5	0.5	0	0	0	D_{20}	0.1	0.7	0.2	0	0
D_7	0.5	0.4	0.1	0	0	D_{21}	0.2	0.6	0.2	0	0
D_8	0.4	0.5	0.1	0	0	D_{22}	0	0.4	0.4	0.1	0.1
D_9	0	0.5	0.2	0	0.1	D_{23}	0.3	0.6	0.1	0	0
D_{10}	0.7	0.3	0	0	0	D_{24}	0.2	0.7	0.1	0	0
D_{11}	0.2	0.5	0.1	0.2	0	D_{25}	0.1	0.6	0.2	0	0
D_{12}	0	0.3	0.4	0	0.2	D_{26}	0.1	0.6	0.2	0	0
D_{13}	0	0.5	0.3	0.1	0.1	D_{27}	0.2	0.5	0.2	0	0
D_{14}	0	0.3	0.4	0.3	0	D_{28}	0.2	0.4	0.2	0.1	0.1

由表 8-8 归纳得到各个三级指标从属于相应各二级指标的模糊评价矩阵 MCD，即：

$$MCD_{1-3} = \begin{bmatrix} 0.4 & 0.4 & 0.2 & 0 & 0 \\ 0.2 & 0.6 & 0 & 0.2 & 0 \\ 0.3 & 0.5 & 0.2 & 0 & 0 \end{bmatrix}$$

$$MCD_{4-6} = \begin{bmatrix} 0.3 & 0.5 & 0.1 & 0.1 & 0 \\ 0.3 & 0.6 & 0.1 & 0 & 0 \\ 0.5 & 0.5 & 0 & 0 & 0 \end{bmatrix}$$

$$MCD_{7-8} = \begin{bmatrix} 0.5 & 0.4 & 0.1 & 0 & 0 \\ 0.4 & 0.5 & 0.1 & 0 & 0 \end{bmatrix}$$

$$\text{MCD}_{9\text{-}10} = \begin{bmatrix} 0 & 0.5 & 0.2 & 0.2 & 0.1 \\ 0.7 & 0.3 & 0 & 0 & 0 \end{bmatrix}$$

$$\text{MCD}_{11\text{-}13} = \begin{bmatrix} 0.2 & 0.5 & 0.1 & 0.2 & 0 \\ 0 & 0.3 & 0.4 & 0.1 & 0.2 \\ 0 & 0.5 & 0.3 & 0.1 & 0.1 \end{bmatrix}$$

$$\text{MCD}_{14\text{-}15} = \begin{bmatrix} 0 & 0.3 & 0.4 & 0.3 & 0 \\ 0.3 & 0.6 & 0.1 & 0 & 0 \end{bmatrix}$$

$$\text{MCD}_{16\text{-}17} = \begin{bmatrix} 0.3 & 0.6 & 0.1 & 0 & 0 \\ 0.3 & 0.5 & 0.1 & 0.1 & 0 \end{bmatrix}$$

$$\text{MCD}_{18\text{-}19} = \begin{bmatrix} 0.5 & 0.3 & 0.2 & 0 & 0 \\ 0.2 & 0.6 & 0.1 & 0 & 0 \end{bmatrix}$$

$$\text{MCD}_{20\text{-}21} = \begin{bmatrix} 0.1 & 0.7 & 0.2 & 0 & 0 \\ 0.2 & 0.6 & 0.2 & 0 & 0 \end{bmatrix}$$

$$\text{MCD}_{22\text{-}23} = \begin{bmatrix} 0 & 0.4 & 0.4 & 0.1 & 0.1 \\ 0.3 & 0.6 & 0.1 & 0 & 0 \end{bmatrix}$$

$$\text{MCD}_{24\text{-}25} = \begin{bmatrix} 0.2 & 0.7 & 0.1 & 0 & 0 \\ 0.1 & 0.6 & 0.2 & 0 & 0 \\ 0.1 & 0.6 & 0.2 & 0.1 & 0 \end{bmatrix}$$

$$\text{MCD}_{26\text{-}28} = \begin{bmatrix} 0.1 & 0.6 & 0.2 & 0.1 & 0 \\ 0.2 & 0.5 & 0.2 & 0.1 & 0 \\ 0.2 & 0.4 & 0.2 & 0.1 & 0.1 \end{bmatrix}$$

（三）计算各级指标的模糊评价集

二级、一级和目标层级指标的模糊评价分别采用式（8-1）、式（8-2）、式（8-3）进行计算：

$$\text{FEC} = \text{WCD} \times \text{MCD} = \begin{bmatrix} \text{WCD}_1 & \text{WCD}_2 & \cdots & \text{WCD}_i \end{bmatrix} \begin{bmatrix} \text{MCD}_1 \end{bmatrix}$$

$MCD_2 \quad \cdots \quad MCD_i]^T$ (8-1)

$FEB = WBC \times FEC = [WBC_1 \quad WBC_2 \quad \cdots \quad WBC_i][FEC_1$
$FEC_2 \quad \cdots \quad FEC_i]^T$ (8-2)

$FEA = WAB \times FEB = [WAB_1 \quad WAB_2 \quad \cdots \quad WAB_i][FEB_1$
$FEB_2 \quad \cdots \quad FEB_i]^T$ (8-3)

FEC、FEB、FEA 分别表示二级指标、一级指标、目标指标模糊评价集的结果，WCD、WBC、WAB 分别表示二级与三级指标之间、一级和二级指标之间、目标指标和一级指标之间的权重。根据式（8-1）、式（8-2）、式（8-3）计算得到：

$FEC_1 = WCD_{1-3} \times MCD_{1-3} = [0.2702 \quad 0.5298 \quad 0.1013 \quad 0.1013 \quad 0]$

$FEC_2 = WCD_{4-6} \times MCD_{4-6} = [0.3666 \quad 0.5333 \quad 0.0667 \quad 0.0333 \quad 0]$

$FEC_3 = WCD_{7-8} \times MCD_{7-8} = [0.45 \quad 0.45 \quad 0.1 \quad 0 \quad 0]$

$FEC_4 = WCD_{9-10} \times MCD_{9-10} = [0.525 \quad 0.35 \quad 0.05 \quad 0.05 \quad 0.025]$

$FEC_5 = WCD_{11-13} \times MCD_{11-13} = [0.0667 \quad 0.4333 \quad 0.2666 \quad 0.1333 \quad 0.0100]$

$FEC_6 = WCD_{14-15} \times MCD_{14-15} = [0.24 \quad 0.54 \quad 0.16 \quad 0.06 \quad 0]$

$FEC_7 = WCD_{16-17} \times MCD_{16-17} = [0.3 \quad 0.55 \quad 0.1 \quad 0.05 \quad 0]$

$FEC_8 = WCD_{18-19} \times MCD_{18-19} = [0.275 \quad 0.525 \quad 0.125 \quad 0.075 \quad 0]$

$FEC_9 = WCD_{20-21} \times MCD_{20-21} = [0.1667 \quad 0.6333 \quad 0.2 \quad 0 \quad 0]$

$FEC_{10} = WCD_{22-23} \times MCD_{22-23} = [0.0100 \quad 0.4667 \quad 0.3000 \quad 0.0667 \quad 0.0667]$

$FEC_{11} = WCD_{24-25} \times MCD_{24-25} = [0.1333 \quad 0.6333 \quad 0.1667 \quad 0.0667 \quad 0]$

$FEC_{12} = WCD_{26-28} \times MCD_{26-28} = [0.1460 \quad 0.5243 \quad 0.2 \quad 0.1 \quad 0.0297]$

令二级指标模糊评价集的结果乘以各等级的代表值，得到模糊评价得分 Mark-C 分别为 Mark-C_1 = 84.884、Mark-C_2 = 87.3245、Mark-C_3 =

88.5、Mark-C_4＝88、Mark-C_5＝72.3765、Mark-C_6＝84.6、Mark-C_7＝86、Mark-C_8＝85、Mark-C_9＝84.667、Mark-C_{10}＝71.1235、Mark-C_{11}＝83.332、Mark-C_{12}＝81.569、

$FEB_1 = WBC_{1-2} \times MBC_{1-2} = [0.3024 \quad 0.5309 \quad 0.0898 \quad 0.0787 \quad 0]$

$FEB_2 = WBC_{3-4} \times MBC_{3-4} = [0.4750 \quad 0.4167 \quad 0.0833 \quad 0.0167 \quad 0.0083]$

$FEB_3 = WBC_{5-7} \times MBC_{5-7} = [0.1983 \quad 0.5099 \quad 0.1819 \quad 0.0801 \quad 0.0297]$

$FEB_4 = WBC_{8-10} \times MBC_{8-10} = [0.14839 \quad 0.5257 \quad 0.2417 \quad 0.0482 \quad 0.0360]$

$FEB_5 = WBC_{11-12} \times MBC_{11-12} = [0.1397 \quad 0.5788 \quad 0.1833 \quad 0.0833 \quad 0.0149]$

再令一级指标模糊评价集的结果乘以各等级的代表值，得到模糊评价得分 Mark-B 分别为 Mark-B_1＝85.705、Mark-B_2＝88.334、Mark-B_3＝82.6625、Mark-B_4＝82.02205、Mark-B_5＝82.451

$FEA = WAB_{1-5} \times MAB_{1-5} = [0.22341 \quad 0.5106 \quad 0.1836 \quad 0.0576 \quad 0.0250]$

令目标指标模糊评价集的结果乘以代表值，得到模糊评价得分 Mark-A＝83.51395。

通过上述计算得到现阶段南昌工程学院财会类专业教师思政施教能力的评测结果。其中，根据目标层级指标的评测得分，发现当前南昌工程学院财会类专业教师思政施教能力的量化总得分为83.51分，落在良等级的区间，但同时也是良偏下的情况，这表明在省、校、院、教研室各级部门的政策设计和通力配合下，财会类专业教师思政施教能力已经达到较为显著的水平，同时仍有较大的提升空间，需要在优化指导性政策的同时，进一步提升和更新教师的知识储备，从广度和深度双维提升

业绩荣誉，同时保持更好的育人成效，并根据外部反馈意见有针对性地开展思政施教工作，以取得更好的综合评价。

根据一级指标 B 和二级指标 C 的评测得分，首先发现 5 个一级指标政策引导 B_1、知识储备 B_2、业绩荣誉 B_3、育人成效 B_4、外部评价 B_5 的量化评分分别是 85.71 分、88.33 分、82.67 分、82.02 分、82.45 分，得分总体都属于良等级，呈现均衡状态，但观察细分得分可以发现，知识储备 B_2 属于良偏上，政策引导 B_1 属于良居中，而业绩荣誉 B_3、育人成效 B_4、外部评价 B_5 均属于良偏下。这表明现阶段南昌工程学院财会类专业教师需要在自身已经掌握较好的思政知识储备以及较有力的政策引导下，从自身层面出发做出更好的思政科研教学业绩、取得更多的荣誉称号，从学生层面出发继续提升学生的思想认知和品德修养，带领他们获得更多荣誉和奖项，从外部层面出发取得校内积极认可和校外正面反馈，这是进一步激发教师思政施教潜力和提升其思政施教能力的关键。

其次，二级指标政策鼓励 C_1、政策督促 C_2、教学知识 C_3、继续教育 C_4、科研成果 C_5、教学获奖 C_6、赞誉称号 C_7、学生思想认知 C_8、学生品德修养 C_9、学生表彰表扬 C_{10}、校内认可 C_{11}、校外反馈 C_{12} 的量化评分分别是 84.88 分、87.32 分、88.5 分、88 分、72.38 分、84.6 分、86 分、85 分、84.67 分、71.124 分、83.33 分、81.57 分。观察总结归纳这些得分可以发现，一是得分以良等级为主，只有科研成果 C_5、学生表彰表扬 C_{10} 的得分属于中等级。二是仔细观察得分属于良等级的各个二级指标 C 可以发现，政策督促 C_2、教学知识 C_3、继续教育 C_4 的得分均超过 87 分，属于良等级偏上，政策鼓励 C_1、教学获奖 C_6、赞誉称号 C_7、学生思想认知 C_8、学生品德修养 C_9 的得分介于 84 分至 87 分之间，属于良等级中段，而校内认可 C_{11}、校外反馈 C_{12} 的得分均小于 84 分，属于良等级偏下。同理，科研成果 C_5、学生表彰表扬 C_{10} 也是属于中等级偏下的情况。

综上，要提升南昌工程学院财会类专业教师思政施教能力，首先必须精准施策，瞄准现有得分为中等级和良等级偏下的二级和一级指标，集中资源和力量补齐短板，消除薄弱环节。其次要继续保持现有良等级偏上和良等级中段的二级和一级指标的发展优势，争取将其提升至优等级。

五、研究总结与成效提升对策

本章针对教师思政施教能力问题，基于现实考量，选取应用型本科高校以及财会类专业的双重维度，以南昌工程学院为研究个案，综合运用德尔菲法、层次分析、系统分析和模糊数学的方法全面深入地定量评测了教师思政施教能力。研究首先通过文献梳理发现现阶段学界相关研究的薄弱之处，然后有针对性地做出边际贡献研究。基于对影响和约束教师思政施教能力主要因素的逻辑演绎，以"大思政"环境下应用型本科高校教师思政施教能力为研究的目标层，设计了囊括政策引导 B_1、知识储备 B_2、业绩荣誉 B_3、育人成效 B_4、外部评价 B_5 5个一级指标（准则层）B，政策鼓励 C_1 等12个二级指标（子准则层）C，专门支持政策 D_1 等28个三级指标（方案层）D的评价指标体系。再基于这些指标构建判断矩阵 MatrixAB、MatrixBC、MatrixCD，并依托这些判断矩阵计算各级指标权重。同时对南昌工程学院财务管理、审计学两个本科专业的教师的思政施教能力进行定量评测，发现当前南昌工程学院财会类专业教师思政施教能力总体属于良等级偏下，思政施教能力总体已经达到较高的水平，同时仍有较大的提升空间。其中，二级指标中的业绩荣誉 B_3、育人成效 B_4、外部评价 B_5 均对当前南昌工程学院财会类专业教师思政施教能力提升的贡献相对较弱，而三级指标中的校内认可 C_{11}、校外反馈 C_{12}，以及科研成果 C_5、学生表彰表扬 C_{10} 均对南昌工程学院财会类专业教师思政施教能力提升产生消极影响,尤其是科研成果 C_5、学生表彰表扬 C_{10} 指标的"拖后腿"影响更显著。

今后财会类专业教师要提升整体的思政施教能力,需要重点从以下方面着手开展工作。

第一,在教师思政施教的政策引导方面,首先,学校要持续用足用好上级部门的指导性政策,并配套设置具体的符合学校发展实情的专门支持政策,并将政策宣传到位,让每一位教师都理解好、掌握好、运用好政策,并通过科研教研、交流活动等方面的经费支持,以及评职称、聘岗、评奖、评先进等指标倾斜等,不断调动教师从事思政施教活动的主动性、积极性和成就感。其次,要加强评估督察,奖优惩后,加强对教师思政施教的各类指导,并明确思政施教、师德师风的底线红线。最后,针对政策鼓励对提升财会类专业教师思政施教能力的作用还没有充分发挥的问题,需要重点针对政策鼓励指标进行调整、优化和升级。

第二,在教师思政施教的知识储备方面,根据评测结果,一级指标知识储备,二级指标教学知识、继续教育的得分均达到良等级偏上,但距离优等级还有一点距离。可见知识储备对教师思政施教能力提升的影响作用显著,接下来要在保持教学知识、继续教育对提升教师思政施教能力的较强驱动力的同时,继续通过提升教学材料的思政因素、课程建设中的思政内容的比重,鼓励教师参加课外思政活动,并加大教师对党史、思政、职业道德、爱国情操、社会主义思想等线上线下继续教育的学习力度。

第三,在教师思政施教的业绩荣誉方面,首先,要加大对教师思政类科研成果产出的鼓励和支持力度,鼓励教师将自己的科研和教学研究与思政内容相结合,实现"以研促教—以教哺研"教研相长的良性循环。其次,要通过教学比赛、课程评选、成果奖励、团队建设、树立典型等方式,营造财会类教师相互之间主动学思政、讲思政、用思政的教

第八章 应用型本科院校财会类教师思政施教能力的评价体系构建与测评

学氛围和积极性。最后要激励财会类专业教师在评优评先方面做好准备、提前筹划、增强综合素质，既要实现数量方面的增长，又要在争取校级、省级乃至国家级荣誉和表彰奖励方面持续用功。

第四，在教师思政施教能力的育人成效方面，造成财会类教师思政施教能力在育人成效方面的影响力偏弱的主要原因是学生表彰表扬数量少、级别低，尽管教师的思政教育在提升学生思想认知和品德修养方面有相对较强的成效，但在学生表彰表扬方面仍有较大的潜力可以挖掘。因此，在持续提高学生的思想认知和品德修养的基础上，一方面要培育学生助人为乐、见义勇为、敢于争先的意识，积极探寻并挖掘学生们身上潜藏的相关优秀特质与事迹；另一方面要积极调动学生的参与热情，鼓励他们充分发挥个人特长或团队协作优势，踊跃投身于各级各类与思政主题、爱国爱校、党团建设以及纪念活动相关的比赛与竞赛之中，在实践中深化思想认知，展现青春风采。

第五，在教师思政施教的外部评价方面，首先，需进一步对思政教学方法加以优化与革新，不断提高思政教学内容的深度与广度，全方位提升思政教育的质量与成效，力求赢得更多专家、同事的赞誉，以及受教学生的高度认可。其次，学校应深入挖掘教师的先进事迹，并通过多元渠道积极开展宣传推广工作。与此同时，教师自身也要主动加强与家长的沟通联系，及时就学生的学业进展、校园生活等情况与家长进行深入交流。此外，教师还需密切追踪企业的用人需求动态，依据企业反馈及时对思政教学进行有针对性的调整与优化，切实与家长、企业构建起稳固且良好的沟通交流机制。

第九章 "互联网+"背景下应用型本科院校"双创"发展的影响因素
——基于对 X 院校贸易类专业的调查研究

"互联网+"时代背景下,高等院校的"双创"人才培养工作迎来新的发展动力和机遇。"互联网+"凭借其高效性、便捷性、实时性、超时空性等突出优势和特点,对高等院校的创新创业发展起到极大的促进作用,不仅极大提高了创新创业的工作效率,在创新创业内容上也有极大充实,越来越多的创新创业项目开始与"互联网+"紧密联系。

应用型本科院校作为近年来国家在教育领域的一项重大改革举措,旨在为新常态下的中国经济社会发展提供高层次、高水平、高素质的应用型人才,培养具备创新思维和意识、创业能力和胆识的"双创"人才,满足新时代经济社会对应用型、创新型、创业型、技能型、实践型人才及从业者持续上升的需求。本研究将"互联网+"、应用型本科院校、创新创业发展三者基于人才培养的主线进行耦合关联研究,具有一定的新颖性。

一、"互联网+"时代 X 院校贸易类专业"双创"发展概况

X 院校在全校的"双创"教育、"双创"人才培养过程中积极融入"互联网+"因素,发挥"互联网+"优势,不断在教学手段、教学内容等方面有所突破和创新,"双创"教育取得了较好的教学成绩。由于本课题组成员的专业主要是贸易类专业,因此考虑到调研的熟悉度和便

利性，本研究主要以 X 院校贸易类专业的创新创业情况为研究对象。

X 院校开展的创新创业活动主要有：指导学生发表相关学术论文；指导学生撰写相关实践报告或调研报告；指导学生参与创新创业训练计划国家级项目、省级项目和校级项目；指导学生参加"挑战杯"课外科技学术作品竞赛；指导学生撰写"互联网＋"创新创业项目计划书；指导创新创业项目入驻校大学生创业园；每年暑假都指导组织教师带队的大学生"三下乡"创新创业社会实践活动；指导学生参加专业技能型竞赛（比如全国外贸从业能力大赛、跨境电商创新创业能力大赛等）等。通过这些途径和措施，充分发挥"互联网＋"的优势来培养学生的创新创业思维意识，提升学生的创新创业能力水平。

本课题组通过走访某院校的教务处、团委、大学科技园、大学生创新创业园、创新创业主管科室等部门，以及阅览学校 OA 办公系统等电子资源，搜集得到 2015—2018 年 X 院校贸易类专业大学生创新创业的一手或二手数据资料。X 院校的贸易类专业或与贸易密切相关的专业主要有国际经济与贸易、商务英语、电子商务、物流管理等。

通过整理 2015—2018 年 X 院校贸易类专业大一至大四年级本科学生参与的上述创新创业活动，归纳统计得到以下结果：①贸易类专业本科学生参与创新创业的人数，无论是绝对数量还是相对数量都有较大幅度提升，绝对数量参与人数增长率持续提高，年均增长率达到 13.23％，相对数量参与人数占比在 2018 年已经达到 33.32％；②2015—2018 年，贸易类专业本科学生以第一作者、通讯作者，或者教师第一作者、学生第二作者发表学术论文的数量从 13 篇提高到 28 篇；③贸易类专业本科学生撰写实践报告或调研报告在 2015—2018 年间共计达到 74 篇，年均增长率约为 7.43％；④2015—2018 年，贸易类专业本科学生参与的创新创业训练计划国家级项目、省部级项目、校级项目共计 52 项，年均增长率约为 4.27％；⑤2015—2018 年，贸易类专业本科学生参与的

第九章　"互联网＋"背景下应用型本科院校"双创"发展的影响因素
——基于对 X 院校贸易类专业的调查研究

"挑战杯"课外科技学术作品竞赛共计 47 项，年均增长率约为 5.22%；⑥2015—2018 年，贸易类专业本科学生参与撰写"互联网＋"创新创业项目计划书共计 77 项，年均增长率约为 6.17%；⑦贸易类专业本科学生参与学校的暑期"三下乡"社会实践活动共计 267 人次；⑧贸易类专业本科学生参与全国外贸从业能力大赛、跨境电商创新创业能力大赛等各类大学生专业技能竞赛共计 74 人次，并取得了国家级二等奖、三等奖等优异成绩。

二、基于四维视域的 X 院校"双创"发展影响因素分析

"互联网＋"时代，对 X 院校"双创"发展产生影响的因素可以从内部因素和外部因素两方面进行分析，同时结合贸易类专业创新创业具体特点进行剖析探究。其中内部因素是核心主导因素，外部因素是不可缺少的次要辅助因素。内部因素包括院校培养影响因素和学生自身影响因素，外部因素包括政府引导影响因素和社会合作影响因素，下面进行具体分析。

（一）院校培养影响因素

院校培养影响因素主要包括创新创业师资配套、创新创业课程设置、顶层制度改革、相应辅助训练配套四大方面。其中，创新创业师资配套是影响创新创业发展的重要教育因素，主要包括具有"双师双能型"资质的教师数量情况、具有指导贸易类"双创"活动经验的教师数量情况，以及具有主持（或作为主要参与者）"双创"类教学研究或科学研究课题经验的教师数量等，这些都是影响学生参与创新创业的师资基础，优质的创新创业师资是帮助、引领和启发学生开展创新创业活动的重要基础。合理的创新创业类课程设置对增长学生的创新创业知识、开拓学生的创新创业眼界至关重要，其对创新创业的影响主要体现在创

新创业类理论课程数量情况、创新创业类实践课程数量情况等方面。顶层制度改革是保证创新创业教育工作顺利、有序开展的重要保证，是体现学校重视、推进创新创业工作的重要指标，也是影响创新创业工作的基础指标，主要包括激励学生参与的制度政策数量和激励教师参与的制度政策数量。帮助、鼓励学生进行创新创业训练和实践是提升学生的创新创业思维、增强创新创业意识、提高创新创业兴趣、提高创新创业认知能力的重要内容，主要通过举办创新创业类的讲座和相关报告、充分利用好创新创业类实训实践平台、增加创新创业的数据库和资料库等来促进创新创业教育的开展。

（二）学生自身影响因素

学生自身影响因素主要包括学生的发展基础和发展潜力两大方面。其中，"互联网＋"时代学生的创新创业发展基础主要包括外语及计算机网络水平、参与各类创新创业项目的学生数量。学生发展基础对于 X 院校创新创业教学的开展，以及学生进行创新创业的信心有重要作用。X 院校贸易类专业本科学生的创新创业发展基础比较薄弱，突出表现在英语六级考试通过率偏低、参与创新创业的热情不高等方面。X 院校贸易类学生发展潜力主要体现在各类创新创业项目的获奖人数及等级、发表创新创业类学术论文的数量、成立创新创业类孵化企业和单位的数量等方面。当前，X 院校贸易类专业本科学生在各类创新创业项目中获奖的学生人数及等级和发表创新创业类学术论文的数量方面有比较大的进步，而在成立创新创业类孵化企业和单位的数量方面一直没有较大的提升。

（三）政府引导影响因素

政府引导影响因素包括财政资金支持和政策的实施保障。具体来

第九章 "互联网+"背景下应用型本科院校"双创"发展的影响因素
——基于对 X 院校贸易类专业的调查研究

看，X 院校所在省市的政府在财政资金支持和政策的实施保障方面都下了较大的力气，支持力度比较大。其中，财政资金支持主要包括对 X 院校创新创业的直接经费投入、鼓励省内金融机构提高对 X 院校创新创业的金融优惠贷款总额等方面。创新创业相关政策的实施保障主要包括创新创业支持政策数量、政府单位牵头组织的创新创业活动数量、对省内各单位机构落实创新创业政策的监督次数等方面。

（四）社会合作影响因素

社会合作影响因素包括企业单位、行业协会等的合作意愿和接纳实践。社会合作影响因素中的合作意愿包括对 X 院校创新创业项目进行投融资的社会机构数量、与社会机构合作的创新创业孵化项目数量等方面；社会合作影响因素中的接纳实践包括教师实践锻炼的校外机构数量、学生技能培训的校外机构数量等方面。社会合作影响因素对 X 院校创新创业的影响很大，因为只有通过与社会上的企业单位、行业协会等进行密切联系、交流、合作，才能更好地了解社会对创新创业人才的需求情况，才能更好地根据社会需求培养相关的创新创业人才。

三、促进 X 院校贸易类专业"双创"发展的对策建议

"互联网+"时代，X 院校贸易类专业更好、更充分地发挥"互联网+"优势，针对影响因素制定相应的政策对本校的创新创业工作发展至关重要。具体可从以下几方面发力。

（1）总体而言，要充分发挥"互联网+"技术的高效、便捷、实时、突破时空限制等显著优势，将其作为信息传播与资源整合的重要工具加以利用。结合贸易类专业的实际需求和学科特色，推动教学模式与内容创新，开展跨境电商、数字贸易、供应链金融等契合专业特点的创新创业教育活动。通过搭建线上线下融合的实践平台，引导学生参与真

实的商业项目，提升数据分析、市场运营、跨境交易等核心能力，培养具有国际视野和创新精神的复合型贸易人才。此外，要加强与行业企业的合作，引入前沿技术和实践经验，使教育内容与市场需求紧密结合，为学生的职业发展筑牢根基。

（2）在院校培养影响因素方面，应充分重视"互联网＋"技术的深度应用，将其融入创新创业教育的各个环节，以全面提升教育质量与学生实践能力。具体而言，首先，需要在创新创业师资建设中融入"互联网＋"元素。通过加强对教师数字化能力的培训，引入具备互联网思维和实践经验的行业专家，构建一支既精通专业又熟悉互联网技术的复合型师资队伍。其次，在创新创业课程设计方面，应依据"互联网＋"的特性，构建涵盖跨境电商、数字营销、大数据分析、人工智能应用等前沿内容的课程体系，注重理论与实践的深度融合，以培养学生的创新思维与实操能力。同时，院校应在顶层设计层面深化改革，突破传统教育模式的限制，建立灵活、开放的创新创业教育机制。此外，还需持续加强辅助训练配套建设，打造基于"互联网＋"的创新创业实践平台，如虚拟仿真实验室、跨境电商实训基地、创业孵化中心等，为学生提供模拟真实商业环境的实践机会。通过举办创新创业大赛、行业沙龙、企业参访等活动，进一步激发学生的创新潜能，提升其解决实际问题的能力。

（3）在学生自身影响因素方面，需通过多维度、系统化的策略，持续提升学生的参与热情和积极性，巩固其创新创业基础，充分挖掘其发展潜力。具体而言，首先，应针对学生外语水平整体不高的现状，采取针对性措施。比如，加大外语教学的力度，优化课程设置，引入沉浸式、互动式教学方法，强化学生的外语综合能力。同时，整合校内外优质资源，组织外国语学院骨干教师或与校外专业外语培训机构合作，开设专项外语培训课程，尤其是针对跨境电商、国际贸易等领域的专业外语培训，助力学生提升外语应用能力和跨文化沟通能力，增强其外语学

第九章 "互联网+"背景下应用型本科院校"双创"发展的影响因素
——基于对 X 院校贸易类专业的调查研究

习的信心与实际水平。其次,为充分激发学生参与创新创业的积极性,院校应在激励机制上予以倾斜。例如,在评优评奖中设立创新创业专项奖项,将创新创业成果作为评选的重要依据;在学分设置方面,增设创新创业实践学分,鼓励学生通过参与项目、竞赛、实习等方式获得学分;在就业推荐中,优先推荐具有创新创业经历的学生,并与企业合作建立创新创业人才库;在评语鉴定中,充分认可学生的创新创业表现,为其未来发展提供有力支持。此外,还应注重培养学生的创新创业意识与能力。通过举办专题讲座、工作坊、创业沙龙等活动,邀请成功创业者、行业专家分享经验,拓宽学生的视野与思维。同时,鼓励学生组建跨学科、跨专业的创新创业团队,通过团队协作提升综合能力。

(4) 在政府引导影响因素方面,各级政府部门要通力协作,充分发挥政策引领和资源整合功能,做好资金支持和政策实施保障,为应用型本科院校创新创业发展提供坚实的资金与政策支持。具体而言,在资金支持方面,政府应科学规划财政预算,设立专项基金,用于扶持省内应用型本科院校的创新创业教育及实践项目。同时,政府应积极协调,鼓励省内金融机构推出针对创新创业的专项优惠政策,如低息贷款、贴息贷款、风险补偿等金融组合手段,为应用型本科院校的创新创业发展提供资金助力。此外,还可引导社会资本参与,通过设立创新创业投资基金、引入天使投资和风险投资等方式,拓宽资金来源,构建多元化资金支持体系。在政策保障方面,政府应制定专门的指导细则,明确支持应用型本科院校创新创业教育的具体措施与实施路径。通过顶层设计,整合教育、科技、产业等多领域资源,推动政策、资金、技术、人才等要素向应用型本科院校集聚。例如,可建立政府、高校、企业三方协同机制,搭建创新创业资源共享平台,促进产学研深度融合。同时,政府应加强对政策落实的监督与评估,确保各项支持措施落地见效,为应用型本科院校创新创业工作提供持续动力。此外,政府还应注重营造良好的创新创业生态环境。通过举办创新创业大赛、设立创新创业示范基地、表彰优秀创新创业项目等方式，激发高校和社会的创新创业活力。最终，通过政府的积极引导与全方位支持，推动应用型本科院校创新创业教育高质量发展，为区域经济转型升级和创新型人才培养提供有力支撑。

（5）在社会合作影响因素方面，X院校需充分发挥自身优势，广泛动员全校师生力量，整合校内外资源，构建全方位、多层次的创新创业支持体系。具体而言，首先应在校内凝聚共识，通过宣传动员和政策激励等手段，激发师生参与创新创业的热情。同时，充分整合校内社会资源，如校友网络、校企合作平台等，为创新创业教育提供有力支撑。在校外合作方面，X院校应积极与政府、企业、行业协会、科研机构等社会力量开展深度合作，建立长期稳定的协同机制。例如，为教师提供更多创新创业师资培训机会，邀请行业专家、成功创业者举办专题讲座或开设工作坊和研修班，帮助教师了解前沿趋势、掌握实践技能，提升创新创业指导水平。此外，与校外创新创业单位机构合作共建实践基地或孵化平台，为学生提供可靠的实践锻炼机会。在学生层面，X院校应积极推动"走出去"战略，组织学生到校外创新创业单位机构进行实习、实训或参与项目，帮助他们在实践中增长知识、积累经验。通过亲身参与，学生能够深入了解创新创业的各个环节、步骤及其难易程度，更好地把握市场动态和行业需求。同时，院校可定期举办创新创业沙龙、项目路演等活动，鼓励学生与校外专家、创业者交流，在实践中寻找创新创业的机会和灵感。此外，X院校还应注重构建创新创业教育的长效机制。例如，设立创新创业导师制，为每位学生配备校内外双导师，提供全程指导；建立创新创业学分认定制度，将校外实践成果纳入学业评价体系；设立专项基金，支持学生开展创新创业项目。通过校内外协同发力，X院校要为学生和教师搭建更广阔的创新创业平台，助力其实现从理论到实践、从学习到创新的跨越式发展。

第十章　新时代高校共青团工作的影响因素及路径
——基于对 Y 高校的调研统计

一、引言

新时代，高校共青团工作面临着新环境、新局面，凸显出一些新的发展机遇和挑战，工作方式方法都受到了一些新的影响。因此，需要相应的改变来应对这些在新环境、新局面下出现的机遇、挑战及新的影响因素。

Y 高校共青团团委作为提高全体在校大学生综合素质、搞好政治思想教育宣传、团内评优评奖评先的先锋力量，其团组织工作在新时代也遇到了一些新的问题，需要认真研讨应对新问题的策略和措施，以便做好相关共青团工作，切实发挥指导并带领广大青年学生共同进步的作用。

二、新时代 Y 高校共青团工作受影响的情况分析

本课题组采用发放调查问卷的抽样调查方式，对 Y 高校北校区、南校区和西校区的大学生进行了问卷调查。首先要确定最优的调查问卷的数量。

（一）调查问卷最优数量的确定

文章选取的调查对象为 Y 高校北校区、南校区和西校区的在校各

年级大学本科生。采用发放调查问卷的方式来进行调研，首要问题是判定需要的调查问卷数量，即首先确定调查问卷的最佳样本数量，确定方法如下。

采用随机抽样方法和置信区间方法来确定所需要的样本数量，相关计算过程如下。

设显著性水平为10%，则对应的精确度估计区间就是 $D=p-\pi=\pm0.1$。假设根据间接的数据（通过参阅国内、外同类研究文献的结果），估计得到目标总体 Y 高校全体在校大学生中有82%的学生是共青团员，因此得出总体的比例 $\pi=0.82$。

对一个10%的显著性水平（90%的置信度）来说，总体均值落在区间一端之外的概率就是0.05，相对应的 z 值应是1.6449，采用比例方法确定的初始样本量的计算方法如下：

$$n=\frac{\pi(1-\pi)z^2}{D^2}=\frac{0.82\times(1-0.82)\times1.6449^2}{0.1^2}=40（份）$$

另外，假设发生率 $k=0.4$，完成率 $w=0.2$，就可以知道最终样本量 δ：

$$\delta=\frac{n}{k\times w}=\frac{40}{0.4\times0.2}=500（份）$$

故根据上述计算出的最终样本量 δ 的值，研究需要的最低样本数量为500份，这样才可能较好地研究新时代 Y 高校共青团工作受到影响的具体情况。

课题组根据上述计算结果发放了570份样本问卷，最终收回532份，同时剔除不合格的问卷18份，因此本研究最终所使用的问卷数量是514份，完全达到了调查研究所需的最低数量要求，研究结果预期良好。

(二) 新时代 Y 高校共青团工作受影响的情况

根据调查问卷，首先判断新时代 Y 高校共青团工作是否受到了影

第十章 新时代高校共青团工作的影响因素及路径
——基于对 Y 高校的调研统计

响及受影响的具体情况（见表 10-1、表 10-2）。

表 10-1 学生对学校共青团团委的一些学生工作的认知情况

有关 Y 高校共青团组织工作的认知	非常了解（%）	比较了解（%）	不太了解（%）	不了解（%）
团委的网站、微博	11	24	50	15
团委组织的 110 周年校庆志愿者活动	8	20	45	27
团委的推荐免试硕士研究生工作	12	21	47	20
历年的评优评奖工作	15	18	60	7
寒暑假的大学生"三下乡"社会实践活动	11	17	66	6
团委主办的杂志	23	21	42	14
邀请知名人士主讲的创业、就业系列讲座	9	15	49	27
团委组织的各项贫困生助学金、大学生寒衣补助等	7	21	28	44
团委下辖的 Y 高校青年研究中心每年的课题招标	3	8	17	72
团委组织的大学生素质拓展活动	12	6	31	51

表 10-2 Y 高校共青团团委工作的效果、影响力调查

有关 Y 高校共青团工作的效果、影响力情况	非常（%）	一般（%）	没有（%）
您是否从团委的活动中受益，对您有所裨益？	11	19	70
您是否有兴趣去参加团委举办的活动？	14	21	65
您是否感受到团委的工作对学校发展的重要性？	13	32	55
您是否感受到作为一名共青团员的光荣感和自豪感？	21	19	60

根据表 10-1 可以清楚地看到，Y 高校学生对共青团团委的一些学生工作的认知情况整体表现为"不太了解"和"不了解"；而且每一项有关 Y 高校共青团学生工作问题的回答都显示出学生对共青团团委工作的认知模糊、不清楚。这也从侧面说明，新时代 Y 高校学生的注意力放在了其他方面，对学校团委的动态不关注。根据表 10-2 可以得出，新时代 Y 高校共青团团委工作的效果、影响力不尽如人意，学生不能亲身从共青团的日常工作中受益，缺乏参加共青团团委组织的各项活动的兴趣，对于共青团对学校发展的重要性认识不足，身为共青团员的同学不能体会到作为一名团员的自豪感和荣誉感。

（三）五大主要影响因素

通过分析调查问卷及国内、外学者的研究，课题组发现在新时代对 Y 高校共青团团委工作产生影响的主要因素有 5 个，分别是网络媒介的发展、高校的不断扩招、高校培养机制改革、后勤日趋社会化和学生社团兴起。下面分别对这五大影响因素对 Y 高校共青团工作的影响情况进行详述。

1. 网络媒介的发展

随着网络技术的迅速发展，网络已经深入当代大学生生活、学习的各个方面，学生在上课学习、社交交流，以及查找文献资料、写作业、交作业、购物、娱乐等诸多方面都无法离开网络，QQ、MSN、微博、微信、网站等各种社交媒介平台，都在影响着当代大学生生活、学习的方方面面。网络媒介是一把"双刃剑"，既给高校共青团工作带来了机遇，又带来了挑战。机遇主要表现在互联网的出现，极大提高了高校共青团工作的工作效率，为大学生的素质拓展提供了新的信息资源，创建了新的信息窗口；挑战主要表现在大学生接触新鲜事物、自己感兴趣的

第十章 新时代高校共青团工作的影响因素及路径
——基于对 Y 高校的调研统计

东西的能力更强了，大学生不再热衷于参加团委组织的各种活动，对于团委举办的各种活动的积极性和热度明显减弱。

网络媒介的飞速发展给 Y 高校共青团团委的工作的确带来了一些难题，提出了新的工作目标和任务。Y 高校各级团委需要认真学习相关网络知识，熟练掌握互联网相关技能，精心维护自己的门户网站，必要时可以建立自己的 QQ 群、微信群、微博，及时更新网站、微博上的信息，让学生们感受到团委每天的变化，增强学生对共青团及其举办的各种活动的兴趣。

2. 高校的不断扩招

高校的不断扩招首先带来的结果是学生数量不断增加。学生多了，但每个班级仍只有一名团支部书记，管理难度不断增加。此外，随着高校的扩张，学生整体素质也有一定下降，学生频繁违纪违规，甚至有的大学生触犯了法律，这也间接增加了团委工作的难度。

Y 高校在国家大政策的指导下，每年的招生规模不断增加。2012 年本专科计划招生人数 8990 人，而 2003 年仅招 4880 人，增长了将近 1 倍，但团委的工作人员、办公规模、办公条件没有相应的改变。此外，随着 Y 高校学生规模的扩张，以及与贵阳市一些高校的合并，Y 高校正在向着多校园教学、一校九区，以及大规模态势发展，这无形中给 Y 高校的共青团团委工作带来较大影响，对其之前的办公体系、运行体制，以及组织活动的效率都有较大的挑战。

3. 高校培养机制改革

近些年来，Y 高校顺应教育改革的趋势，按照省教育厅的要求并参照省外"985 工程"高水平大学的培养模式，对本（专）科大学生的培养方案进行了较深入的改革，对教学大纲进行了优化升级，推行实施了完全学分制、弹性学分制、主辅修课制,以及按一级学科大类招生的现代培养制度,这对以往以班干部、团干部为班级领导集体的模式产生了较大冲击。同专业但不在同一个班级上课的情形越来越普遍和突出,相同专业的同学选修不一样的课程,上课时间不一样,休息时间就不一样,团委要召开团支部会议、举办团委活动就不能召集起大多数成员,更别说全部成员了,导致共青团员们不能聚在一起共同讨论问题,这削弱了共青团的一些功能。高校培养机制改革使得班级的概念逐渐变淡,原本以班级为基础建立的团组织越来越丧失原本的功能,逐渐形同虚设,最基层、最基础及最重要的班团组织领导体系逐渐松散,不再健全,相应的班团概念也变得模糊,甚至逐渐淡出学生的视野,使得部分共青团员在日常学习生活中无法体会到作为一名团员的荣誉感,更不能起到先锋模范作用,甚至有些团员只有在交团费的时候才想起自己是一名共青团员。因此,高校共青团亟须进行相应的改革、创新来适应这种改变。

4. 后勤日趋社会化

随着后勤社会化在全国高校的不断推广,Y 高校也于 2005 年年初正式组建了党委领导下的总经理负责制 Y 高校后勤服务集团,模拟企业化管理方式,自主经营、自负盈亏、自我约束和自我发展,以契约方式为学校提供后勤保障服务。

随着 Y 高校后勤社会化的逐步深化和不断推进,后勤集团成立了宿舍管理公司,全面负责有关学生住宿的各项事宜,大学生住宿的寝室公寓环境日渐舒适、文明、优雅、和谐,学生们都乐意在寝室公寓内部进行活动,寝室公寓也日益承担起生活、休息、学习、交流及娱乐的功能,宿舍正在逐渐替代班级的功能。团组织怎样进驻寝室公寓,有效担负起相应的团委职责并发挥应有功能正在日渐变成一个新的问题。

第十章 新时代高校共青团工作的影响因素及路径
——基于对 Y 高校的调研统计

5. 学生社团的兴起

Y 高校拥有自己的学生社团联合会，专门负责各个学生社团的成立和发展。学生社团联合会已成为包括理论学习、社会科学、学术科技、文学艺术、志愿服务、体育健身及其他七大类，共计 30 多个社团的较庞大组织，而且仍有继续增设社团且社团数量不断增加的趋势。

Y 高校学生社团联合会下属的各个社团都是学生根据他们的兴趣爱好而自发组织起来的业余团体，社团的活动内容十分广泛，活动方式灵活多样，对学生们具有非常大的吸引力，注册的会员日益增多，在学生中的影响力不断增强，学生们热衷于参加自己感兴趣的社团活动。而对于团组织举办的各类活动，逐渐不再热心参加，而是能推就推，能让就让，致使有些团委举办的活动人气不旺，达不到举办活动的预期效果。

三、五大影响因素对 Y 高校共青团工作产生影响的实证研究

课题组采用单因素方差分析方法来研究新时代各影响因素对 Y 高校共青团工作的影响情况。单因素方差分析方法常被用来分析一个控制变量（解释变量或自变量）的不同水平是否对观测变量（被解释变量或因变量）产生了显著影响。

单因素方差分析方法使用的检验统计量是 F 统计量（F-Statistics），统计含义为：

$$F = \frac{\frac{SSA}{k-1}}{\frac{SSE}{n-k}} = \frac{MSA}{MSE}$$

上式中，n 为样本总数，k－1、n－k 分别为 SSA、SSE 的自由度；MSA 是平均组间平方和，MSE 是平均组内平方和。F-Statistics 服从 (k－1，n－k) 个自由度的 F 分布。

以高校共青团工作被影响的程度大小（分为1、2、3、4、5共五级，1代表影响程度最小，5代表影响程度最大）为被解释变量，以网络媒介的发展、高校的不断扩招、高校培养机制改革、后勤日趋社会化及学生社团的兴起的影响为解释变量，采用单因素方差分析分别对网络媒介的发展、高校的不断扩招、高校培养机制改革、后勤日趋社会化及学生社团的兴起的影响5个解释变量对Y高校共青团工作的影响进行实证研究。

实证研究中所用到的被解释变量、解释变量均来自对Y高校北校区、南校区和西校区大学生的调查问卷，分析数据时使用的分析软件为SPSS16.0，计算结果如表10-3、表10-4、表10-5、表10-6和表10-7所示。

表10-3　网络媒介发展影响Y高校共青团工作的分析结果

类别	离差平方和 (Sum of Squares)	自由度 (df)	方差 (Mean Square)	F统计量 (F-Statistics)	相伴概率 (Sig)
组间 (Between Groups)	6389.327	4	1597.332	16.353	0.000
组内 (Within Groups)	23759.997	143	166.154		
合计 (Total)	30149.324	147			

表10-4　高校不断扩招影响Y高校共青团工作的分析结果

类别	离差平方和 (Sum of Squares)	自由度 (df)	方差 (Mean Square)	F统计量 (F-Statistics)	相伴概率 (Sig)
组间 (Between Groups)	2562.909	3	854.303	11.743	0.000
组内 (Within Groups)	26432.867	153	172.764		
合计 (Total)	28995.776	156			

第十章 新时代高校共青团工作的影响因素及路径
——基于对 Y 高校的调研统计

表 10-5　高校培养机制改革影响 Y 高校共青团工作的分析结果

类别	离差平方和 (Sum of Squares)	自由度 (df)	方差 (Mean Square)	F 统计量 (F-Statistics)	相伴概率 (Sig)
组间 (Between Groups)	3782.289	4	945.572	6.786	0.000
组内 (Within Groups)	32561.726	144	226.123		
合计（Total）	36344.015	148			

表 10-6　后勤社会化影响 Y 高校共青团工作的分析结果

类别	离差平方和 (Sum of Squares)	自由度 (df)	方差 (Mean Square)	F 统计量 (F-Statistics)	相伴概率 (Sig)
组间 (Between Groups)	6432.891	8	804.111375	5.634	0.000
组内 (Within Groups)	24562.567	11	2232.961		
合计（Total）	30995.458	19			

表 10-7　学生社团的兴起影响 Y 高校共青团工作的分析结果

类别	离差平方和 (Sum of Squares)	自由度 (df)	方差 (Mean Square)	F 统计量 (F-Statistics)	相伴概率 (Sig)
组间 (Between Groups)	54278.918	9	6030.991	5.428	0.000
组内 (Within Groups)	28965.987	12	2413.832		
合计（Total）	83244.905	21			

由表 10-3、表 10-4、表 10-5、表 10-6 和表 10-7 可以得知，由于相伴概率（Sig）都等于零，F 统计量（F-Statistics）的数值都较大，因此在 95% 的置信度下（亦即 5% 的显著性水平下）均需拒绝零假设（或原假设），接受备择假设，即表明网络媒介的发展、高校的不断扩招、高校培养机制改革、后勤日趋社会化以及学生社团的兴起 5 个解释变量都对新时代 Y 高校团委的工作有非常显著的影响。另外，根据 F 统计量（F-Statistics）数值的大小可以分析出，从网络媒介的发展、高校的不断扩招、高校培养机制改革到后勤日趋社会化以及学生社团的兴起，各因素对新时代 Y 高校共青团工作的影响力度逐渐减弱，即网络媒介的发展对新时代 Y 高校共青团工作的影响最大，其次是高校不断扩招的影响，第三是高校培养机制改革的影响，第四是后勤日趋社会化带来的影响，而学生社团的兴起对新时代 Y 高校共青团工作的影响最小。

上述实证研究结果为下面的对策研究提供了基础。

四、新时代 Y 高校共青团工作具体路径

基于以上对新时代 Y 高校共青团工作影响因素的分析，可以有的放矢地提出推动新时代 Y 高校共青团工作的 5 条具体路径。

（一）巧妙、积极地运用网络媒介技术手段

前面已经提到，网络媒介的快速发展对于高校共青团工作的开展来讲是一把"双刃剑"，既给 Y 高校共青团工作带来了机遇又带来了挑战。面对网络媒介带来的挑战，Y 高校团委需主动抓住机遇，将网络媒介技术转化为推动共青团工作发展的有力抓手。具体而言，Y 高校团委应着重加强团委网站、微博、微信公众号、抖音等新媒体平台的建设与运营，充分挖掘其在信息传播、互动交流和舆论引导方面的潜力，构建具有 Y 高校特色的共青团宣传矩阵。通过及时推送共青团工作的最新

第十章 新时代高校共青团工作的影响因素及路径
——基于对 Y 高校的调研统计

动态、活动信息和政策解读等内容,提升宣传的时效性和针对性,增强共青团的知名度与影响力。与此同时,Y 高校团委应注重传统媒体与新媒体的深度融合,持续优化团委主办期刊、校报共青团专版等传统媒体。通过精心策划选题、优化内容,提升传统媒体的品质与吸引力,使其在新时代继续发挥重要作用。通过传统媒体与新媒体的协同合作,形成全方位、多层次的宣传格局,充分发挥共青团宣传工作的"窗口"作用。此外,Y 高校团委还应进一步加大宣传力度,通过创新宣传形式、丰富宣传内容,提升共青团工作的吸引力与感染力。例如,制作高质量的宣传视频,开展线上线下相结合的主题活动,举办校园文化赛事等,让学生更加直观地了解共青团的工作和活动,激发他们对共青团活动的兴趣和热情。通过这些措施,引导学生从被动接收信息转变为积极主动参与共青团活动,推动他们走进共青团、融入共青团。

(二)健全和扩大共青团组织机构

随着 Y 高校的不断扩招及与其他学校的合并,学生数量大幅增加,原有的共青团组织在组织规模上已经不能适应这种新的变化,因此需要健全和扩大共青团组织机构,在各个学院、专业和班级,乃至寝室公寓都建立起共青团组织,让团组织覆盖到全校的每个大学生。

(三)主动适应学校培养机制改革带来的新变化

Y 高校的本专科培养机制改革对共青团工作提出了新的要求与挑战,共青团工作面临更为复杂和艰巨的任务。随着传统班团体系的弱化,Y 高校团委需在工作思路与方法上进行创新,主动适应改革变化,更好地服务于学生成长与学校发展。具体而言,团委应积极探索创新工作模式,突破传统以班级为唯一组织形式的局限,构建更加灵活、多元的基层团组织体系。一方面,Y 高校团委可结合学校培养机制改革,推动基层团组织的多样化发展。例如,在专业课程组、科研团队、创新创业项目组等新型学习单元中设立团小组或团支部,使团组织与学生的学习、科研和实践紧密结合。同时,探索在寝室公寓、学生社团、实习基地等场景中建立团组织,扩大团组织的覆盖范围,确保团组织能够延伸到学生学习、生活的方方面面。另一方面,Y高校团委应创新工作思路和方法,充分利用信息化手段,推动"智慧团建"平台的建设,实现团组织管理的数字化、智能化。通过线上平台进行教育团员、组织活动、反馈意见等工作,打破时间和空间的限制,提高团组织的工作效率和服务水平。此外,结合学生的兴趣和需求,设计形式多样、内容丰富的团组织活动,如主题团日、志愿服务、社会实践等,增强团组织的吸引力和凝聚力。最后,Y高校团委应加强与学校各部门的协同合作,配合学校的培养机制改革,为学生的全面发展提供支持。例如,与教务处、学生处等部门合作,将团组织活动纳入学生的综合素质评价体系;与就业指导中心合作,为学生提供职业规划和就业服务;与创新创业学院合作,支持学生开展创新创业项目。通过多部门的协同发力,推动共青团工作与学校改革发展深度融合,为学生的成长成才和学校的建设发展贡献力量。

(四)丰富基层团组织的组织形式

积极推动Y高校共青团深入寝室公寓与学生社团,设立公寓共青团支部和社团共青团支部,逐步突破传统以班级为唯一组织形式的局限,丰富基层团组织的组织方式,实现组织形式的多样化、灵活化和全覆盖。这种创新模式能够有效提升团组织的覆盖范围和服务能力,使学生在任何时间、任何地点都能便捷地联系到团组织。当学生面临思想困惑、学业压力、生活困难等问题时,团组织能够迅速组织力量,提供及时的支持与帮助。在寝室公寓方面,可按宿舍楼或楼层为单位设立公寓

第十章 新时代高校共青团工作的影响因素及路径
——基于对 Y 高校的调研统计

共青团支部,选拔热心服务、能力突出的学生担任团干部,组织开展寝室文化建设、心理健康辅导、志愿服务等活动,营造积极向上的宿舍氛围,增强学生的集体归属感和凝聚力。在学生社团方面,可在学术、文化、体育、公益等各类社团中建立社团共青团支部,结合社团特色开展主题团日活动,将思想引领与社团活动有机结合,激发学生的参与热情和创新活力。这种多样化的组织形式不仅扩大了团组织的覆盖面,还增强了共青团员的归属感和认同感。通过举办贴近学生生活的团组织活动,进一步提升共青团组织的活力、凝聚力和向心力,使团组织真正成为学生成长路上的"知心人"和"引路人"。同时,这种创新模式有助于团组织更好地了解学生需求和动态,为学校管理和决策提供有力支持,推动共青团工作与学校改革发展深度融合,为学生的全面发展和校园文化建设注入新的动力。

(五)主动联合学生社团,发挥各自的比较优势

联合学生社团,搞好学校共青团参与举办的各类活动,提高团员参与的积极性,发挥各自的比较优势。共青团在与学校各级党委机构、行政机关,以及其他单位打交道方面较容易,而 Y 高校的各个社团在吸引同学们的关注度、提高学生的参与度方面有更大的优势,两者联合起来搞活动,能在保证人气和参与学生数量的同时提高办事效率。在学校共青团与学生社团联合方面,已经有不少成功的案例,如共青团与学生社团联合会中的"小德云社"社团、"街舞STYLE"社团、"我是麦霸"社团等联合举办的历年迎新生晚会;与"跆拳黑带"社团、"飞毛腿"社团,以及一些球类社团联合举办的校运会;与"创业社"社团联合举办的创业大赛;与"学校青年志愿者"社团联合举办的"三下乡"社会实践活动等,都取得了较好的效果。这种发挥各自的比较优势,联合举办活动的做法应该不断推广和贯彻下去。

参 考 文 献

[1] Deakins D, Glancey K, Menter I, et al. Enterprise Education: The Role of Head Teachers [J]. International Entrepreneurship & Management Journal, 2005, 1 (2): 241-263.

[2] Deuchar R. Changing Paradigms: The Potential of Enterprise Education as an Adequate Vehicle for Promoting and Enhancing Education for Active and Responsible Citizenship: Illustrations from a Scottish Perspective [J]. Oxford Review of Education, 2004, 30 (2): 223-239.

[3] Harkema S J M, Schout H. Incorporating Student-centred Learning in Innovation and Entrepreneurship Education [J]. European Journal of Education, 2008, 43 (4): 513-526.

[4] Hytti U, O'Gorman C. What is "Enterprise Education"? An Analysis of the Objectives and Methods of Enterprise Education Programmes in four European Countries [J]. Education Training, 2004, 46 (1): 11-23.

[5] Lewis K, Massey C. Delivering Enterprise Education in New Zealand [J]. Education & Training, 2003, 45 (4): 197-206.

[6] Nabi G, Jones P, Jones A, et al. Student Attitudes Towards Enterprise Education in Poland: A Positive impact [J]. Education and Training, 2008, 50 (7): 597-614.

[7] Radharamanan R, Juang J N. Innovation and Entrepreneurship

Education in Engineering［M］. Proceedings of the 2nd International Conference on Intelligent Technologies and Engineering Systems（ICITES2013）. Springer International Publishing，2014.

［8］Rae D. Opportunity Centred Learning：An Innovation in Enterprise Education?［J］. Education & Training，2003，45（8/9）：542-549.

［9］Rasmussen R M. Assessment for Learning in Innovation and Entrepreneurship Education［M］. Innovation and Entrepreneurship in Education，2016.

［10］Saaty T L. The Analytic Hierarchy Process［M］. New York：Mc Gtaw Hill，1980.

［11］安静.5G技术背景下高校思政课改革的机遇、挑战与路径［J］.思想理论教育导刊，2022（4）：118-123.

［12］柏松，张雪莉.将创新创业教育渗透于思政教育［J］.中学政治教学参考，2023（10）：88.

［13］曹菲.可视化互动电子教学在高校创新创业教育中的应用［J］.电气传动，2019（11）：125-126.

［14］曹丽萍，邹丽丽，周玉清.新时代研究生教育高质量发展的新使命与新路径——首届中国学位与研究生教育大会暨中国研究生教育长江论坛综述［J］.学位与研究生教育，2023（8）：53-60.

［15］曹曼丽，刘文婷，张秀莲.材料化学课程思政的探索与实践——以"常见金属材料"为例［J］.化学教育（中英文），2021（24）：27-34.

［16］曾令辉.论新时代思想政治理论课教师育人核心素养［J］.马克思主义理论学科研究，2023（10）：102-110.

［17］曾青生，郑雄林，曾娜.高职思想政治教育与工匠精神培育的有机融合——以江西省高职院校为例［J］.教育学术月刊，2019

（9）：55-62.

[18] 曾三侠. 微博环境下的高校共青团工作创新 [J]. 滁州学院学报, 2012 (3)：19-21.

[19] 陈爱雪. "互联网＋"背景下大学生创新创业教育的新模式探究 [J]. 黑龙江高教研究, 2017 (4)：142-144.

[20] 陈灿煌. 基于模糊综合评价法的高校创新创业教育绩效评价研究 [J]. 湖南理工学院学报（自然科学版）, 2018 (3)：18-23.

[21] 陈春晓. 地方高校创业教育师资队伍建设的困境与机制创新 [J]. 高等工程教育研究, 2017 (3)：170-173.

[22] 陈刚. 科学发展观指导下高校共青团工作的思考 [J]. 河西学院学报, 2010 (5)：121-125.

[23] 陈欢. 开放大学思政课实践教学的价值与实施 [J]. 中学政治教学参考, 2023 (32)：102-103.

[24] 陈辉, 郑书河. "一体两翼"农业工程专业人才培养体系研究与实践 [J]. 中国农机化学报, 2019 (10)：226-231.

[25] 陈磊, 李枫, 沈扬, 等. 本科人才培养方案修订的时代潮流、实践路径及其保障机制研究 [J]. 江苏高教, 2021 (7)：65-69.

[26] 陈龙, 方丽, 颜海波. 本科院校同质化发展的归因及出路——基于大学治理和高校分类理论 [J]. 黑龙江高教研究, 2015 (6)：44-48.

[27] 陈龙, 罗施中, 李正军, 等. "微生物, 大能量"——微生物学课程思政教学设计与实践 [J]. 微生物学通报, 2025 (4)：1-16.

[28] 陈少雄, 宋欢. "三大创新"推动高校学生思想政治教育工作化无形为有形 [J]. 高教探索, 2018 (8)：104-106.

[29] 陈审声, 冯美晓. 乡村振兴背景下青年大学生理想信念培育路径 [J]. 教育评论, 2022 (12)：91-97.

[30] 陈婉琳，陈杭，齐炜，等．基于创新创业全生命周期的交叉学科双创课程建设——以浙江大学"医学仪器的创新设计与实践"课程为例［J］．高等工程教育研究，2022（4）：86-90．

[31] 陈相光．新时期高校共青团工作的多维向度思考［J］．思想政治教育研究，2011（1）：120-123．

[32] 陈晓云，朱新卓．高校思政课教师的三种角色以及角色冲突——制约高校思政课教师发展的根源［J］．高等教育研究，2017（6）：77-81．

[33] 陈晓云．高校思政课教师发展中的矛盾、困难及其成因——基于高校思政课教师职称晋升的调查与研究［J］．江苏高教，2019（9）：93-97．

[34] 陈星，金志杰，范国睿．教师数字素养框架研究：全球经验与实践启示［J］．西北师大学报（社会科学版），2025（2）：75-85．

[35] 陈杏禹，卜庆雁．农业高职院校"蔬菜栽培"课程思政探索与实践［J］．北京农业职业学院学报，2023（1）：14-20．

[36] 陈怡．将创新创业教育融入应用技术型大学思政工作的思考［J］．教育与职业，2016（20）：79-81．

[37] 陈云涛，谭伟．构建精准发力的高职思想政治工作体系实践探索［J］．中国职业技术教育，2022（25）：92-96．

[38] 陈哲．创新创业教育嵌入思政课教育教学的操作模式研究［J］．学校党建与思想教育，2015（13）：53-55．

[39] 陈卓．课程思政在《微视频制作》课中的实践探索［J］．传媒观察，2021（8）：80-84．

[40] 成希．研究型大学创新创业教育生态系统构建研究［D］．长沙：湖南师范大学，2018．

[41] 成晓倩，邹友峰，程钢，等．地方高校测绘类创新型人才培

养模式综合改革与实践[J].测绘通报,2023(10):168-172.

[42] 程洪莉."互联网+"背景下高校创新创业教育的实施策略探析[J].国家教育行政学院学报,2017(5):76-81.

[43] 程秀娟,马俊.高校公益创业教育与思政教育的功能耦合及优化[J].教育与职业,2019(6):74-77.

[44] 程序.研究生科研能力培养激励机制刍议[J].学校党建与思想教育,2018(10):89-91.

[45] 楚存坤,孙思琴,韩丰谈.基于层次分析法的高校图书馆学科服务评价模式[J].大学图书馆学报,2014(6):86-90.

[46] 崔军,杨琪.应急财政支出绩效评价指标体系构建研究——基于模糊层次分析法的考察[J].财贸经济,2013(3):21-31.

[47] 崔艳艳.高职院校创新创业基地建设的现状及路径优化[J].教育与职业,2021(19):63-67.

[48] 戴国宝,王雅秋,冯文奂.应用型本科高校校企深度融合的现实困境与路径选择[J].职业技术教育,2019(16):54-59.

[49] 单茹茹.新时代思政课教师政治素养提升的培训体系构建[J].思想政治课教学,2024(2):81-84.

[50] 邓艳君.红色基因融入课程思政建设的三重路向[J].思想教育研究,2021(2):111-115.

[51] 邓知辉,刘锰."传帮带"模式下高职创新创业师资团队建设的思考与实践——以湖南信息职业技术学院机器技术创新创业团队为例[J].河北职业教育,2020(1):102-105.

[52] 董秋锋,陈江艺.高职院校课程思政赋能专创融合教育的实践路径研究——以物联网应用技术专业为例[J].山东商业职业技术学院学报,2024(6):95-100.

[53] 董生,庄学村.大学生创新创业教育师资队伍建设:意义·

困境·路径 [J]．重庆科技学院学报（社会科学版），2020（6）：113-116.

[54] 杜福磊．对地方性应用型本科高校彰显办学特色与提升办学质量的思考 [J]．教育与职业，2017（7）：49-53.

[55] 段陆平．新文科建设背景下法学专业创新创业教育变革的思考 [J]．法学教育研究，2023（1）：158-171.

[56] 段妍君．高校思政教育与创新创业教育的有机结合探索 [J]．食品研究与开发，2020（23）：250-251.

[57] 段焱．高校思政教育促进大学生创新创业教育的路径探析 [J]．理论导刊，2019（12）：116-121.

[58] 范俊峰，邓苏心，王海霞．高校创新创业教育与思政教育深度融合刍议 [J]．学校党建与思想教育，2022（23）：85-87.

[59] 范智军．职业院校课程思政育人体系构建研究 [J]．广东轻工职业技术学院学报，2024（4）：61-67.

[60] 房川琳，熊庆，苏燕．融合思政元素的无机化学实验课程建设 [J]．实验技术与管理，2021（1）：28-32.

[61] 冯艳飞，童晓玲．基于模糊层次分析法的高校创新创业教育评价研究 [J]．华北电力大学学报（社会科学版），2013（2）：137-140.

[62] 冯振伟，曾雨，赵金巍，等．新文科背景下体育院校课程思政建设：逻辑、困境与路径 [J]．体育学刊，2023（5）：97-104.

[63] 付国华，张浩瑜．职业院校课程思政建设：价值内涵、现实困境与突破路径 [J]．职业技术教育，2025（2）：24-28.

[64] 傅春长．浅谈高校思政教育与创新创业型人才培养的有效融合路径——评《高校思想政治教育和创新创业教育协同育人研究》[J]．中国党政干部论坛，2020（5）：98-99.

[65] 盖逸馨，浩日娃．新时代高校思政课教师数字素养提升的价值意蕴、现实困境和策略探析［J］．思想理论教育导刊，2024（8）：118-124．

[66] 耿涛．论大学生网络道德教育［D］．济南：山东师范大学，2007．

[67] 巩丽霞，胡文慧．论应用型本科院校法律人才培养目标的变革——兼谈法科生就业率［J］．国家教育行政学院学报，2010（1）：67-72．

[68] 巩丽霞．应用型本科高校的创业教育亟待变革［J］．高教发展与评估，2011（4）：77-82．

[69] 辜文娟．基于"工管结合"的会计教学体系构建研究［J］．财会通讯，2024（13）：172-176．

[70] 顾红，宋长春．基于供应链理论的应用型本科高校大学生就业力培养模式刍议［J］．高等农业教育，2013（9）：83-86．

[71] 顾美霞，欧阳倩兰．课程思政视角下的高校创新创业课程建设［J］．学校党建与思想教育，2020（24）：71-72．

[72] 关春燕，何淑贞．协同理论视阈下高校创新创业教育课程思政体系建设研究［J］．学校党建与思想教育，2022（12）：49-51．

[73] 光善慧．"三创"背景下学校思想政治教育创新［J］．中学政治教学参考，2022（20）：97．

[74] 桂杨，张梦圆．基于模糊层次分析法的互联网金融风险分析［J］．上海立信会计金融学院学报，2018（1）：47-60．

[75] 郭孟杰，闫志利．解构与建构：基础核心素养课程思政建设的技术路径——基于河北省唐山市3所高职院校的调查［J］．中国职业技术教育，2024（26）：25-33．

[76] 郭涛．应用型本科高校创新创业教育模式的探索［J］．学校

党建与思想教育，2017（11）：78-80.

[77] 郭文忠，张友坤，董晨. 网络强国战略背景下的"五位一体"信息安全人才培养模式探索［J］. 中国大学教学，2020（10）：21-24.

[78] 韩保清. 全力推进新建本科高校向应用型转变［J］. 中国高等教育，2016（18）：26-28.

[79] 韩晨光，周丽霞."互联网＋"竞赛视阈下职教人才培养趋势及备赛分析［J］. 创新与创业教育，2019（4）：70-73.

[80] 韩福丽，王乐，高文智. 新时期应用型本科高校学生职业意识培养研究［J］. 职业技术教育，2024（5）：53-57.

[81] 韩国威. 互联网时代高职创业型跨境电商人才培养对策研究［J］. 湖北成人教育学院学报，2016（6）：28-31＋36.

[82] 郝振萍，郭延乐，宰学明，等. 乡村振兴战略背景下双创型"新农人"培养体系［J］. 江苏农业科学，2022（4）：226-231.

[83] 何茂昌. 人工智能融入高职思政课教学的现实与未来［J］. 中国职业技术教育，2021（35）：50-54.

[84] 何铭锋，刘宗明，田飞. 多主体共赋能：工业设计双创教育平台构建［J］. 家具与室内装饰，2021（7）：139-142.

[85] 何昭水，谭北海，谢侃，等. 三全育人背景下信息学科课程思政"六位一体三提升"教学实践探索［J］. 高等工程教育研究，2023（6）：82-86.

[86] 洪晓畅，毛玲朋. 创新创业教育的思想政治教育功能研究［J］. 思想教育研究，2022（5）：155-159.

[87] 侯斐斐，樊欣宇. 雷达领域研究生"思政＋双创"协同教育模式探索［J］. 电气电子教学学报，2024（5）：91-95.

[88] 侯微. 新闻传播实践课程思政教育教学改革路径探索［J］. 出版广角，2019（7）：76-78.

[89] 侯英岢，宋源普，倪益华，等.农林特色工程训练育人体系构建与评价 [J].实验室研究与探索，2023（1）：261-265＋297.

[90] 胡滨，李婕.基于 OBE＋CIPP 模型的课程思政成效评价指标体系构建 [J].创新教育研究，2022（2）：309-318.

[91] 胡成旭.优化思政教育模式 提升创新创业能力 [N].新华日报，2024-11-14（15）.

[92] 胡德平.高校体育课程思政与思政课程同向同行：理论逻辑、实践障碍与推进路径 [J].上海体育大学学报，2024（11）：9-22.

[93] 胡天佑，李晓.应用型本科高校"专创融合"的价值导向、阻滞因素及推进策略 [J].黑龙江高教研究，2022（12）：127-131.

[94] 黄晨晨.新形势下高校创新创业教育与思想政治教育融合路径——评《新形势下高校创新创业教育》[J].科技管理研究，2022（18）：213-214.

[95] 黄道平.构建新时代高职院校德育工作体系 [J].学校党建与思想教育，2019（24）：7-9.

[96] 黄平槐.基于"双创"战略的高职教育"工、商融通"型人才培养——以江西工程职业学院为例 [J].职教论坛，2016（18）：53-56.

[97] 黄淑敏，李秋红，宫亮."课程思政"理念下高职院校创新创业教育实践 [J].中国职业技术教育，2019（29）：92-96.

[98] 黄淑敏，李秋红.课程思政视域下高职院校创业教育的路径探究——以石家庄信息工程职业学院为例 [J].中国职业技术教育，2018（19）：94-96.

[99] 黄向阳，曾涛涛.新工科背景下地方高校给排水科学与工程复合型人才培养的探索与实践 [J].给水排水，2020（12）：122-126＋131.

[100] 嵇小怡，叶吉波.高校通识类创新创业课程的本土化建

设——温商创业课程群的实践与反思［J］．温州职业技术学院学报，2023（4）：80-85．

［101］冀宏，顾永安，张根华，等．应用型人才培养视阈下的创新创业教育探索［J］．江苏高教，2016（4）：77-80．

［102］贾建锋，乌日罕，丁义浩．课程思政视域下创新创业教育的提质增效研究［J］．江苏大学学报（社会科学版），2023（4）：114-124．

［103］江小华，黄倩馨，彭丽华．应用型本科高校抑制学术漂移的内外机制：基于对瑞士七所公立应用科学大学的分析［J］．江苏高教，2024（6）：97-107．

［104］姜春英．"互联网＋"视域下创新创业教育融入高职思政课路径探究［J］．职教论坛，2015（35）：31-34．

［105］姜慧，殷惠光，徐孝昶．高校个性化创新创业人才培养模式研究［J］．国家教育行政学院学报，2015（3）：27-31．

［106］姜智彬．"多语种＋"：课程思政背景下外语人才培养的内涵、路径与成效［J］．外语电化教学，2020（4）：18-21＋3．

［107］蒋德勤．高校创新创业教育师资队伍建设探析［J］．中国高等教育，2011（10）：34-36．

［108］蒋欢．高校思政教育与创新创业教育协同模式构建［J］．中学政治教学参考，2023（7）：102-103．

［109］蒋祝仙，年艳，王惠莲．财务管理课程思政教学改革与创新实践［J］．高等工程教育研究，2024（5）：153-159．

［110］焦贝贝，管晓刚．文化浸润提升高校思政课教师素养的路径研究［J］．黑龙江高教研究，2024（4）：108-112．

［111］杰弗里·蒂蒙斯，小斯蒂芬·斯皮内利．创业学［M］．第6版．周伟民，吕长春，译．北京：人民邮电出版社，2005．

[112] 金爱国, 吴加权, 邢晖. 对高职院校思政教育协同育人的思考 [J]. 教育与职业, 2018 (14): 105-108.

[113] 金添. 新时代研究生思政教育与"双创"教育融合 [J]. 中学政治教学参考, 2023 (21): 90-91.

[114] 金星霖, 雷晓燕. 百年未有之大变局背景下高职院校思政课建设的挑战与对策 [J]. 高等职业教育探索, 2024 (3): 1-6.

[115] 康秀云, 于喜水. 教育数字化时代思政课教师数字素养的内涵要义、现实挑战与提升路径 [J]. 黑龙江高教研究, 2024 (11): 102-107.

[116] 匡瑛, 石伟平. 职业院校"双创"教育辨析: 基于现实审视与理性思考 [J]. 教育研究, 2017 (2): 97-103.

[117] 李博, 陈栋. 课程思政一体化建设的挑战与改进 [J]. 中国大学教学, 2021 (9): 75-79.

[118] 李国强. 创新创业教育师资队伍建设策略探析 [J]. 黑龙江教育 (高教研究与评估), 2017 (4): 52-54.

[119] 李寒梅, 赵冰清. 以 AI 技术赋能思政课教师专业素养提升 [J]. 思想政治课教学, 2024 (12): 85-87.

[120] 李昊远. 高校思想政治理论课实践教学的现实困境与改革路径 [J]. 教育理论与实践, 2025 (6): 45-48.

[121] 李宏印, 王深. 坚持马克思主义青年观改进高等学校共青团思想政治工作 [J]. 沈阳农业大学学报: 社会科学版, 2006 (1): 77-79.

[122] 李慧, 李亮, 刘淞佐. 新工科视角下课程思政建设挑战及应对策略 [J]. 黑龙江高教研究, 2023 (4): 157-160.

[123] 李建华, 马贺, 王兴伟, 等. 面向创新创业的智能医学工程实习教学探索 [J]. 实验室研究与探索, 2024 (7): 197-201.

[124] 李晶，王春露．奥运精神融入高校课程思政建设的意蕴与路径［J］．中国高等教育，2022（Z1）：31-33．

[125] 李婧，杨昱．基于 AHP 的高校创业教育质量综合评价研究［J］．中国教育学刊，2015（S1）：162-164．

[126] 李克林，马雪艳．"互联网＋"时代高校创新创业文化建设路径探索［J］．常州信息职业技术学院学报，2019（4）：62-64．

[127] 李娜，郭砾，贺明阳．高校开展"思专创"人才培养模式的优化路径［J］．黑龙江高教研究，2023（5）：123-128．

[128] 李擎，崔家瑞，杨旭，等．自动化专业"三创"能力强化培养体系的构建与实践［J］．高等工程教育研究，2023（4）：171-175．

[129] 李圣，查钢强，李春科．丝绸之路沿线高校创新创业教育评价体系构建研究［J］．西安财经大学学报，2021（5）：88-96．

[130] 李双寿，李乐飞，孙宏斌，等．"三位一体、三创融合"的高校创新创业训练体系构建［J］．清华大学教育研究，2017（2）：111-116．

[131] 李小年．"扎根—融通—铸魂"创新创业教育生态体系构建与探索［J］．中国高等教育，2022（19）：15-17．

[132] 李效周，刘婧婧，李学林，等．"课程思政"与"双创"人才培养的融合研究——以齐鲁工业大学印刷工程专业为例［J］．包装工程，2021（S1）：176-178．

[133] 李亚奇，王涛，李辉，等．加强高校创新创业教育"双师型"专职师资队伍建设探析［J］．创新与创业教育，2018（4）：40-43．

[134] 李颖，唐晓勇．高校思想政治理论课教师数字素养提升的价值逻辑、根本目标与基本原则［J］．思想教育研究，2024（10）：90-96．

[135] 李玉，齐威，王凤华，等．"微世界，大情怀"：浅谈微生

物学课程思政教学设计与改革［J］．微生物学通报，2022（4）：1434-1444.

［136］李元元．建设一流大学立德树人体系——华中科技大学的探索与实践［J］．高等教育研究，2022（4）：1-7.

［137］李志义，宫文飞，黎青青．高校内部质量保障流程构建：一个框架性示例［J］．高等工程教育研究，2024（4）：1-6＋58.

［138］李志义，朱泓．以先进的质量保障理念促进本科教育教学综合改革——新一轮审核评估指标体系内涵解析［J］．高等工程教育研究，2021（6）：75-80.

［139］李忠伟，姚远，孙德刚．新形势下做好高校共青团工作的思考［J］．中国青年研究，2007（1）：51-52.

［140］李壮成，黄明东．应用型本科高校内涵式发展：价值、逻辑与路径［J］．四川轻化工大学学报（社会科学版），2020（3）：73-86.

［141］梁秀生，顾永安，王中教．回归与创新：应用型人才培养模式改革探析——基于高质量就业视角的审视［J］．职业技术教育，2018（34）：37-42.

［142］梁一，陈章权，赵黛娜，等．"三全育人"理念在临床免疫学检验技术的应用探讨——以"抗体制备"为例［J］．中国免疫学杂志，2022（6）：745-747.

［143］梁迎娣，颜玄洲．高校创新创业教育师资队伍建设存在的问题及对策分析［J］．大学（研究版），2016（6）：41-45＋32.

［144］林爱菊，唐华．公益创业教育：大学生创业教育的新拓展［J］．大学教育科学，2017（3）：101-105＋125.

［145］林宝灯．近十年我国高等教育评价研究现状与前沿演进——基于CiteSpace知识图谱的可视化分析［J］．西南民族大学学报（人文社会科学版），2022（5）：233-240.

[146] 林碧云．中职思政教学中融入创新创业教育的探究[J]．大学，2024（S2）：64-66．

[147] 林鉴军，杨琴．网络背景下研究生思想政治教育体系研究——以重庆大学为例[J]．四川理工学院学报（哲学社会科学版），2011（4）：96-100．

[148] 林明惠．数字时代高校思政课精准教学：机遇、挑战与路径[J]．中国大学教学，2024（9）：58-64．

[149] 林雯．新工科背景下地方高校思想政治理论课教学的改革与创新[J]．学校党建与思想教育，2019（3）：69-70＋74．

[150] 刘波，于建业，马晓英．地方应用型本科高校大学生就业力的增权培养[J]．教育与职业，2015（19）：107-109．

[151] 刘博，徐晗．应用转型背景下地方高校师资队伍培养与考核工作研究[J]．湖北开放职业学院学报，2019（24）：15-17．

[152] 刘东燕．构建全员育人的思想政治教育格局[J]．中国高等教育，2018（5）：42-43．

[153] 刘刚，马姗子，李波．工商管理教育中的课程思政建设：价值、原则与教学创新[J]．北京交通大学学报（社会科学版），2024（4）：146-154．

[154] 刘虎，王勤．高质量发展背景下高校实验教学育人能力的建设[J]．实验室研究与探索，2021（12）：258-261＋282．

[155] 刘君．"互联网＋"背景下应用型本科高校校企合作人才培养模式[J]．实验技术与管理，2017（6）：172-176．

[156] 刘敏君，花佩．以创新创业教育为载体的思政教育工作新模式[J]．鄂州大学学报，2024（6）：33-35．

[157] 刘巧玲，陈烈．基于思创融合的创新创业课程教学改革探究——以成都大学为例[J]．湖北开放职业学院学报，2024（22）：

14-16.

[158] 刘善慧，郭铮铮，卫延斌，等．面向印刷工程的《机械控制工程基础》课程教学改革实践［J］．包装工程，2024（S2）：156-160．

[159] 刘涛．新时期大学生农业创新创业与思政实践融合研究［J］．核农学报，2022（2）：493-494．

[160] 刘伟，邓志超．我国大学创新创业教育的现状调查与政策建议——基于8所大学的抽样分析［J］．教育科学，2014（6）：79-84．

[161] 刘伟，姜斯宪，刘川生，等．加快"双一流"建设　实现高等教育内涵式发展（笔谈）［J］．中国高教研究，2018（12）：8-15．

[162] 刘伟．高校创新创业教育人才培养体系构建的思考［J］．教育科学，2011（5）：64-67．

[163] 刘霞，丘晓花，蒋杨，等．新医科背景下医学机能学课程思政教学模式探究［J］．继续医学教育，2023（11）：5-8．

[164] 刘晓霞，杨洁，吴喆，等．以就业为导向的分析化学实验教学改革探索［J］．生命的化学，2020（6）：943-947．

[165] 刘秀玲，牟岚，刘岩，等．跨境电商人才校企协同育人模式探析［J］．大连民族大学学报，2018（2）：185-189．

[166] 刘秀清，葛文庆，李波．基于能力本位培养的新工科人才培养模式改革与实践［J］．中国大学教学，2023（11）：30-37．

[167] 刘洋，钟飞燕．劳动教育融入课程思政的审思［J］．学校党建与思想教育，2022（8）：68-70．

[168] 刘印房．地方应用型本科高校内涵建设的导向及策略［J］．黑龙江高教研究，2012（8）：65-67．

[169] 刘芸，闫文晟．工匠精神融入高职家政人才培养的现实困境与实践路径［J］．教育与职业，2025（1）：107-112．

[170] 刘中晓，徐金寿．应用型本科高校创新创业教育调查与对策

建议——以浙江省 10 所应用型本科高校为例［J］．中国成人教育，2016（13）：73-76．

［171］楼英伟．市域本科高校教育类型选择与人才培养目标定位［J］．辽宁教育研究，2007（3）：44-47．

［172］鲁武霞．应用型本科高校"转型"：发展困境与生态定位［J］．大学教育科学，2017（3）：30-36．

［173］陆慧．应用型本科高校创新型人才培养存在的问题与对策［J］．教育与职业，2013（35）：45-46．

［174］路海玲，吕坤，徐嘉．基于战略地图的应用型本科高校创新创业教育路径［J］．教育与职业，2019（23）：68-73．

［175］罗成翼，王琦．湖南省应用型本科高校产教融合发展现状、问题及对策研究［J］．当代教育论坛，2020（6）：86-96．

［176］罗兴奇．"双万计划"视域下地方高校青年教师专业能力提升研究［J］．中国高等教育，2022（7）：54-55＋64．

［177］吕红刚．高职院校工匠精神培育探索与实践［J］．中国高等教育，2019（7）：60-61．

［178］吕君，李圣昕．高校思政教育、学生创新创业意识与经济金融支持［J］．山西财经大学学报，2024（S1）：287-289．

［179］吕品，曹静雅，林瑛．应用型本科高校管理类物流工程人才培养模式研究［J］．职教论坛，2014（5）：93-96．

［180］吕祥．论应用型本科高校毕业生就业阻滞的学校性归因［J］．江苏高教，2006（6）：124-125．

［181］吕勇，宋词，周刚，等．大思政视域下应用技能型课程的思政教学设计与实践［J］．包装工程，2022（S2）：190-194．

［182］马捷，赵天缘，田园，等．思创融合，协同育人——吉林大学图情档学科课程思政建设模式与实践探索［J］．图书情报工作，

2022（1）：11-21．

[183] 马永斌，柏喆．大学创新创业教育的实践模式研究与探索[J]．清华大学教育研究，2015（6）：99-103．

[184] 毛碧飞，张炳聪．创新创业背景下《食品生物技术》"课程思政"教学改革与实践[J]．食品与发酵工业，2021（10）：304-308．

[185] 毛露甜，王春玲，王艳君，等．专创融合背景下"互联网＋"创新创业大赛与微生物学课程赛教融合的实践[J]．微生物学通报，2024（10）：4292-4304．

[186] 毛学良．课程思政视域下食品专业应用型人才创新创业能力培养——评《食品专业创新创业训练》[J]．食品安全质量检测学报，2023（15）：329-330．

[187] 梅纪萍，周建祥．"大思政课"视域下"五维协同"育人模式研究[J]．江苏高教，2024（2）：103-107．

[188] 梅萍，李婵玲．革命场馆和高校思政协同育人的空间向度[J]．学校党建与思想教育，2024（9）：90-93．

[189] 梅萍，任莹辉．新时代高校实践育人经验探赜[J]．湖南社会科学，2024（5）：51-58．

[190] 梅强．以点引线 以线带面——高校两类全覆盖课程思政探索与实践[J]．中国大学教学，2018（9）：20-22＋59．

[191] 门保全．高职院校思政教育"三全育人"探析[J]．中学政治教学参考，2022（11）：26-28．

[192] 木肖玉，钱祉祺，丁明明，等．"双一流"建设背景下高分子材料与工程专业"六全"人才培养模式的探索与实践[J]．高分子通报，2023（5）：650-656．

[193] 宁德鹏，何彤彤，邓君雪，等．创新创业教育对创业行为的影响机理研究——以创业能力和创业意愿为中介的大样本实证考察

[J].华东师范大学学报（教育科学版），2023（2）：93-105.

[194]宁德鹏，何彤彤，何玲玲，等.高校课程思政与创新创业教育课程深度融合路径探赜［J］.江苏高教，2023（4）：102-106.

[195]宁茜.大学生农村创新创业与思政教育研究［J］.核农学报，2022（1）：254-255.

[196]牛漫兰，徐利强，孙毅，等.新形势下《地球科学概论》课程改革的实践与思考［J］.高校地质学报，2022（3）：347-351.

[197]牛彦飞."双创"升级趋势下高职创新创业师资队伍建设探析［J］.教育与职业，2020（2）：72-76.

[198]欧海锋.提升思政课实践教学实效的探索——以华侨大学"寻找城市价值"建筑游学教育实践活动为例［J］.教育评论，2020（6）：100-103.

[199]欧阳华生，陈欢，韩峰.高校实践类课程思政体系构建与实现路径研究［J］.中国高等教育，2022（8）：43-45.

[200]潘柏，刘钦花，金丹，等.应用型本科高校大学生职业胜任力提升策略研究——基于江苏省中小企业雇主满意度的实证调查［J］.江苏高教，2022（4）：82-89.

[201]朴钟鹤.韩国高校创业教育发展与创新——以五所"创业研究生院"为例［J］.比较教育研究，2013（5）：63-67.

[202]齐琳，周涛.理工科高校工程德育内容优化的途径思考［J］.上海理工大学学报（社会科学版），2023（1）：102-106.

[203]齐涛云，孙曙光.思政教育融入口译教学研究：以同声传译课程为例［J］.外语研究，2024（6）：8-13.

[204]祁文博.高校思政课程与课程思政融合发展的医学之维［J］.江苏高教，2024（12）：146-150.

[205]乔熙，郑施.新媒体时代高校思政教育面临的挑战和机遇

[J]．中学政治教学参考，2021（45）：92-93．

[206] 乔印虎．基于创新创业教育理念的应用型高校师资队伍建设[J]．安徽科技学院学报，2019（1）：98-101．

[207] 秦海波，张兵，司成伟．新工科背景下化学类专业课程思政建设探索[J]．化学工程，2023（11）：112-113．

[208] 邱晓飞，杨蕾．高校共青团组织"推优"入党过程中的重点环节与问题解决[J]．北京教育，2011（2）：49-51．

[209] 任增霞．构建"思·专·创"创新人才融合培养模式研究——以集成电路专业为例[J]．北京邮电大学学报（社会科学版），2023（5）：112-118．

[210] 荣侠．基于区域市场需求的应用型本科高校人才培养策略——以苏州科技大学天平学院环境设计专业为例[J]．职业技术教育，2020（35）：33-36．

[211] 沙军．"课程思政"的版本升级与系统化思考[J]．毛泽东邓小平理论研究，2018（10）：81-85＋108．

[212] 商飞飞，韩春阳，帅良，等．工程认证背景下《食品添加剂》"金课"持续改进探索与实践[J]．包装工程，2022（S2）：135-137．

[213] 邵晓庆，徐鉴民，王斌，等．乡村振兴战略背景下高职院校教师创新创业教育教学能力提升路径[J]．甘肃农业，2022（3）：116-118．

[214] 申娟娟．高校农村籍大学生思政教育创新研究——评《农村籍大学生返乡创业推进机制研究》[J]．中国农业气象，2023（11）：1072-1074．

[215] 沈成君，杜锐．基于文献计量的创新创业教育研究热点与趋势可视化分析[J]．中国大学教学，2020（1）：79-83．

[216] 沈丹，陈阳，洪林．质量文化视域下创新创业教育内卷化及其纾解 [J]．教育与职业，2022（8）：107-112．

[217] 沈定军．新形势下高校整体育人模式探析 [J]．学校党建与思想教育，2017（15）：28-30．

[218] 盛杨，王光文，管丹．地方文化融入思政教育的价值与理路 [J]．中学政治教学参考，2021（47）：80-82．

[219] 石丽，李吉桢．高校创新创业教育：内涵、困境与路径优化 [J]．黑龙江高教研究，2021（2）：100-104．

[220] 宋春春．乡村振兴背景下高校创新创业教育高质量体系建设研究 [J]．教育评论，2021（9）：90-94．

[221] 宋福英，尚清芳，张静．高等院校"互联网＋"大学生创业教育研究 [J]．沈阳农业大学学报（社会科学版），2018（3）：314-319．

[222] 宋敏．民族高校一流本科教育的探索与思考 [J]．民族教育研究，2021（5）：13-19．

[223] 苏海佳，张婷，谭天伟．未来化工行业领军人才培养改革的思考 [J]．中国大学教学，2021（11）：14-18．

[224] 孙莉玲．思想政治工作质量提升的矛盾分析与应对策略 [J]．学校党建与思想教育，2018（23）：30-32．

[225] 孙棋，严晓莹．浙江大学：守正创新培养时代新人 [J]．党建，2022（9）：69-71．

[226] 孙统风，王冠军，杜文亮．基于思政驱动的实践课程教学探索——Python编程实践教学改革 [J]．实验室研究与探索，2024（7）：187-191＋233．

[227] 孙颖．新文科与新设计视阈下高校创新创业教育改革与实践探讨 [J]．家具与室内装饰，2022（5）：140-142．

[228] 谭见君，严勇．美国创新创业教育发展及其对我国高职院校师资队伍建设的启示［J］．教育与职业，2018（20）：95-98．

[229] 檀西西．高校思政教育与创新创业教育融合的路径［J］．山西财经大学学报，2024（S2）：293-295．

[230] 陶玮玮．"互联网+"给大学生创新创业教育模式带来的改变研究［J］．吉林工程技术师范学院学报，2019（8）：19-21．

[231] 涂刚鹏，刘宇菲．思政课程与课程思政协同育人的三维路径［J］．学校党建与思想教育，2020（21）：50-53．

[232] 涂俊，刘帅，冯欢．新文科GEPC实验实践教学模式构建［J］．中国大学教学，2023（6）：37-47．

[233] 汪红梅，焦爽．北美高校创新创业教育对我国的启示——以斯坦福大学、马里兰大学和瑞尔森大学为例［J］．高教论坛，2017（10）：112-117．

[234] 王本亮，刘继广．线场模式：职业院校办出类型教育特色的系统改革［J］．教育与职业，2020（12）：33-39．

[235] 王斌．高校共青团工作现状调研报告——以东南大学为例［J］．中国青年研究，2011（2）：50-53．

[236] 王斌礼．坚持立德树人根本任务　抓好思政"心源计划"落实——学习习近平总书记致我校建校60周年贺信精神［J］．西藏民族大学学报（哲学社会科学版），2019（5）：6-9．

[237] 王传涛，姚圣卓，田洪森．新工科视域下地方工科高校创新创业课程体系探析［J］．教育与职业，2020（21）：55-59．

[238] 王春华．新时期高校共青团工作路径研究［D］．济南：山东大学，2011．

[239] 王汉荣．校企协同育人视角下高职跨境电商创新创业人才培养的探索与实践［J］．沙洲职业工学院学报，2016（3）：13-17．

[240] 王红雨, 闫广芬. 工科专业课教师课程思政参与行为及其影响路径——基于计划行为理论的分析 [J]. 高等工程教育研究, 2025 (1): 83-90.

[241] 王洪元. 小我融入大我 铸魂时代新人 [J]. 中国高等教育, 2023 (17): 23-26.

[242] 王杰, 赵富学. 高校体育教师课程思政教学思维建构与困囿破解 [J]. 体育学研究, 2024 (6): 13-25.

[243] 王娟. 思想政治教育视角下高校创新创业教育的思考 [J]. 江苏高教, 2019 (9): 111-115.

[244] 王君刚, 王文生. 新形势下高校共青团的建设与管理问题探究 [J]. 理论导报, 2009 (12): 55-56.

[245] 王亢抗, 任怀艺. 5G 时代高校思想政治教育的特征、挑战与对策 [J]. 思想理论教育导刊, 2024 (11): 124-130.

[246] 王腊妹, 王晓红. 着力提升高校思政课教师师德素养的价值意蕴及实践进路 [J]. 学校党建与思想教育, 2023 (22): 54-56.

[247] 王丽燕, 王建萍. 高校创新创业教育师资队伍建设的现状、困境及对策 [J]. 职业教育研究, 2019 (3): 49-53.

[248] 王丽燕, 张杰, 蒋丽凯. 高校创新创业教育中优化师资队伍结构的实证研究——基于辽宁省 7 所高校的调查 [J]. 广州大学学报 (社会科学版), 2018 (1): 72-77.

[249] 王林雪, 李大玉. "互联网＋"对大学生创业教育生态系统的影响研究 [J]. 教育教学论坛, 2019 (33): 22-23.

[250] 王胜利. 试论创新创业教育为重要载体的高职院校思想政治理论课教学改革 [J]. 思想理论教育导刊, 2017 (3): 132-135.

[251] 王书亭, 谢远龙, 高亮, 等. 高水平研究型大学工科课程思政探索——基于华中科技大学机械科学与工程学院的案例研究

[J]．高等工程教育研究，2023（2）：19-24．

［252］王文晶，程淑佳．从"互联网+"大学生创新创业大赛要求的变化反思东北院校双创教育改革［J］．职业技术教育，2021（27）：33-38．

［253］王小梅，周光礼，周详，等．2023年全国高校高等教育科研论文分析报告——基于23家教育类最具影响力期刊的发文统计［J］．中国高教研究，2024（4）：71-84．

［254］王兴冲．新工科背景下课程思政融入《计算机辅助工程造价》的探索与实践［J］．建筑经济，2023（S1）：447-450．

［255］王雄伟，彭桂良．职业院校学生创新创业素养及提升路径［J］．教育与职业，2021（12）：108-112．

［256］王艳芬，刘继安，吴岳良，等．深化科教融合，培养未来科技领军人才［J］．中国科学院院刊，2023（5）：693-699．

［257］王艳娜．''双创''背景下当代高校思政育人创新与实践［J］．食品研究与开发，2022（24）：241-242．

［258］王业，金昌一．高职院校专业教学中融合思政教育实践研究——评《创新与创业教育》［J］．中国测试，2021（6）：164．

［259］王轶卿，张翔．新工科建设中实施课程思政的理论与实践［J］．河北师范大学学报（教育科学版），2020（6）：59-62．

［260］王永芹，李彦群．党史国史融入高校思政教育的价值及路径［J］．中国高等教育，2020（5）：32-34．

［261］王志娟，沈丽巍．基于知识图谱的高校思政课程与课程思政协同育人实践路径研究［J］．佳木斯大学社会科学学报，2025（2）：172-174．

［262］王志鹏，高晟，张启望．美国高校创新创业师资队伍建设的启示［J］．黑龙江高教研究，2017（1）：63-65．

[263] 王中教, 张泽云. 应用型本科高校毕业生高质量就业的现实逻辑与实践选择 [J]. 教育与职业, 2019 (20): 75-81.

[264] 王紫薇, 李飞, 赵琳捷. 新形势下增强高校思想政治教育实效性的思考 [J]. 学校党建与思想教育, 2018 (24): 61-62.

[265] 魏芬, 孙跃东, 单彦广, 等. "双创"背景下高校创新创业教育师资队伍建设的探索与实践 [J]. 上海理工大学学报（社会科学版), 2019 (1): 96-100.

[266] 魏娜, 景建玲, 杨睿博, 等. 国家级一流本科护理学专业建设——以天津医科大学为例 [J]. 中华护理教育, 2021 (5): 399-403.

[267] 温雷雷. 高职院校思政教育与创业教育生态协同育人研究 [J]. 教育与职业, 2022 (10): 109-112.

[268] 温雷雷. 关于高校创新创业教育融入思政课程耦合机制的思考 [J]. 教育与职业, 2021 (24): 53-57.

[269] 巫小丹, 屠心怡, 付桂明, 等. "新工科"背景下"食品微生物学"教学改革探索与实践 [J]. 微生物学通报, 2023 (2): 754-765.

[270] 吴爱华, 侯永峰, 郝杰, 等. 以"互联网+"双创大赛为载体 深化高校创新创业教育改革 [J]. 中国大学教学, 2017 (1): 23-27.

[271] 吴斌, 范若皓, 肖佳, 等. 价值引领高校高质量继续教育体系建设的基本内涵 [J]. 成人教育, 2023 (12): 9-18.

[272] 吴葛, 尹仕, 冯学玲. "两融合、三转化"创客训练营课程设计与实践 [J]. 实验室研究与探索, 2023 (9): 190-195.

[273] 吴光远. "双一流"背景下新工科专业人才培养模式的研究与实践 [J]. 包装工程, 2024 (S2): 229-232.

[274] 吴海霞, 董丝丝. 思想政治教育与创新创业教育双向融合发

展的策略研究——评《理直气壮开好思政课——把握新时代思政课建设规律》[J].教育理论与实践,2024(11):2.

[275] 吴行健.基于新工科背景的高校"创新创业＋课程思政"教育模式研究——评《"创新创业＋课程思政"教育模式研究》[J].应用化工,2023(10):2983.

[276] 吴红珊.创新创业教育视角下高校师资队伍建设路径探索[J].教育评论,2018(5):71-74.

[277] 吴加权,朱国奉.高职院校"产教创一体化"育人模式研究[J].中国职业技术教育,2017(32):34-37＋41.

[278] 吴加权.高校"双创"教育课程思政建设探析[J].学校党建与思想教育,2021(24):45-47.

[279] 吴林志."四维度"新工科人才培养模式构建与实施路径研究[J].黑龙江高教研究,2022(8):151-155.

[280] 吴铭,阮望舒.大学生日常思政教育的时滞现象及策略——基于移动互联网新业态发展的视角[J].当代青年研究,2018(2):70-75.

[281] 吴荣华,胡振宇,温泉.基于校友资源整合下高校创新创业教育师资队伍建设研究[J].创新创业理论研究与实践,2022(5):81-83.

[282] 吴学满.微博对当代大学生价值观的冲击及对策[J].河南师范大学学报(哲学社会科学版),2011(7):258-260.

[283] 吴勇.微博:大学生思政政治教育的新载体[J].广西社会科学,2011(8):151-153.

[284] 吴泽强.打造高校劳动教育的全方位育人体系[J].中国高等教育,2022(18):16-18.

[285] 武晶晶.高职院校双创教育与思想政治教育融合路径探索

[J]．食品研究与开发，2023（15）：239．

[286] 武媚洋．生态文明建设视域下高校网络思政与双创教育协同育人——评《寓生态文明于高校思政教育的创新研究》[J]．灌溉排水学报，2024（7）：113．

[287] 武雪．高职院校课程思政质量评价的现实困境、价值遵循及实践策略[J]．教育与职业，2025（2）：61-67．

[288] 武忠伟，王明艳，张荣先，等．微生物学课程思政元素的挖掘、融合设计与教学实践[J]．食品工业科技，2023（15）：410-417．

[289] 夏青．高校思政教育引领下大学生创新创业教育研究——评《大学生就业指导与创新创业教育》[J]．科技管理研究，2022（20）：244-245．

[290] 夏青．互联网时代应用型本科高校就业路径提升策略——评《"互联网＋"时代的就业问题研究》[J]．中国科技论文，2022（3）：372．

[291] 夏雪花．新时代高校创新创业教育与思想政治教育融合的途径探析[J]．思想理论教育导刊，2021（8）：136-140．

[292] 夏阳．应用型本科高校学生职业技能培养的路径探索与研究——评《应用型人才软硬技能融合培养的研究与实践》[J]．实验技术与管理，2019（7）：6．

[293] 相理锋．以习总书记贺信精神为指引　全面提升本科教育教学水平[J]．西藏民族大学学报（哲学社会科学版），2019（4）：5-8．

[294] 向红梅．基于"互联网＋双创"跨境电商个性化人才培养模式研究[J]．社会科学家，2017（11）：128-133．

[295] 肖磊，陈德富，王敏．基于新工科、创业教育与课程思政三位一体观的创业管理课程思政教学实践[J]．电子科技大学学报（社科版），2023（6）：99-105．

[296] 肖潇，周俊华，孟庆尉，等．共同体视阈下职业教育规划教材编写逻辑理路探索——以《新标准职业英语教程》为例［J］．中国职业技术教育，2023（32）：28-34．

[297] 谢丹．高校德育中核心价值观融入路径分析——评《大学生德育教育与创新创业研究》［J］．中国教育学刊，2023（3）：147．

[298] 谢枭鹏．新时期高校共青团工作的实践与思考［J］．重庆科技学院学报：社会科学版，2006（1）：89-91．

[299] 谢勇．农林院校课程思政的价值意蕴与实施路径——以"2023年高等院校课程思政建设研讨会"为例［J］．林产工业，2024（11）：93-94．

[300] 熊德斌．计量经济学实践案例研究——基于统计软件［M］．贵阳：贵州科技出版社，2011．

[301] 徐红梅．新形势下高校创新创业教育现状分析——评《新形势下高校创新创业教育》［J］．领导科学，2021（20）：125．

[302] 徐辉．高校创新创业人才培养的评价标准［J］．江苏高教，2009（6）：107-108．

[303] 徐林，王阿舒．技能型社会高职思政教育的逻辑、审思与路径［J］．中国远程教育，2023（7）：67-76．

[304] 徐晓肆，刘颖辉，陈瑛，等．基于"育、导、建、用、评"五位一体的大学生创新创业课程思政建设与实践研究［J］．华北理工大学学报（社会科学版），2024（6）：76-80．

[305] 徐永其，宣昌勇，孙军．新商科创新创业人才跨界培养模式的实践探索［J］．中国高等教育，2020（24）：44-46．

[306] 徐哲俊，刘子健．民族地区高校经济管理类人才培养模式创新与实践［J］．延边大学学报（社会科学版），2023（5）：95-102＋143-144．

[307] 徐振，杜秀娟. 思政课教学与创新创业教育融合三意蕴[J]. 中学政治教学参考，2023（39）：28-30.

[308] 许继勇. 高校思想政治教育与创新创业教育的融合机理及实践路径[J]. 食品研究与开发，2022（22）：241.

[309] 许锦，孟中杰，李伟，等. 面向航天专业的"三全"实践育人体系探索与实践[J]. 实验室研究与探索，2022（8）：191-198.

[310] 许玲，汪高. 高职院校管理类专业创新创业教育师资队伍建设研究[J]. 职教论坛，2019（5）：98-101.

[311] 许哲宁，张冰锐. 思想政治教育对创新人才培养的路径探究[J]. 食品研究与开发，2023（17）：238.

[312] 薛冬雪. 体育院校课程思政建设的教师策略研究[J]. 沈阳体育学院学报，2025（1）：52-58.

[313] 薛光辉. 新工科背景下煤炭类高校机器人工程专业人才培养研究与实践[J]. 教育理论与实践，2022（30）：14-18.

[314] 薛山，江文辉，李变花，等. 食品科学与工程一流专业建设的模式创新与实践研究[J]. 食品与发酵工业，2021（2）：322-328.

[315] 薛薇. SPSS统计分析方法与应用[M]. 第二版. 北京：电子工业出版社，2009.

[316] 闫珂. 高校思政教育与水文化资源融合的创新应用[J]. 水资源保护，2022（6）：231-232.

[317] 杨保成. 数字化转型背景下地方应用型本科高校的教育创新与实践[J]. 高等教育研究，2020（4）：45-55.

[318] 杨红玲. 双创背景下职业院校"双师型"教师队伍的建设[J]. 教育与职业，2019（3）：57-61.

[319] 杨惠. 人工智能发展背景下应用型本科高校就业工作的困境与变革[J]. 教育与职业，2021（5）：72-77.

[320] 杨婧，隋启贤．"大思政课"格局下青年学生科技创新能力一体化培育探析［J］．中学政治教学参考，2023（40）：34-36.

[321] 杨玲．高职学生就业心理与心理健康融合研究［J］．中国学校卫生，2023（1）：165-166.

[322] 杨敏，黄翔．基于跨境电商方向的高职商务英语专业教学改革的探索与实践［J］．职教论坛，2016（11）：77-79＋96.

[323] 杨青，刘英，曹福亮．新农科背景下工程创新人才培养的路径与启示——基于N大学工程创新人才培养的实践［J］．高校教育管理，2021（6）：114-124.

[324] 杨涛，黄斌．"社会调查＋思政教育"协同育人实践教学模式构建的四重逻辑［J］．西安财经大学学报，2022（4）：15-25.

[325] 杨套伟，潘学玮，邵明龙，等．赛培研有机融合培养工业微生物育种新质人才［J］．微生物学通报，2025（1）：1-11.

[326] 杨为家，何鑫．融入创新创业教育的理工科研究生课程思政教育探索——以光电薄膜材料与技术课程为例［J］．高教学刊，2025（1）：172-175.

[327] 杨晓娟．高校创新创业教育与思政教育的融合发展——评《高校思想政治教育和创新创业教育协同育人研究》［J］．中国高校科技，2021（3）：101.

[328] 杨秀晨，金雨娇．大学生创新创业教育融合思政元素的价值与发展路径［J］．中国军转民，2024（22）：144-145.

[329] 杨彦．高职院校师资队伍多元化建设与协同创新路径研究［J］．高等工程教育研究，2016（2）：163-166.

[330] 杨英，李莹，谢爱琳．多学科视角下高校劳动教育的实现路径［J］．黑龙江高教研究，2023（3）：143-148.

[331] 杨志春，任泽中．大学生创业动机的二元共生现象及其理念

引导［J］．高校教育管理，2016（5）：107-112．

［332］杨仲迎．高校思政课程与课程思政协同育人中"辅导员参与"的四重逻辑［J］．广西社会科学，2024（3）：155-163．

［333］姚冠新，陈桂香，洪林．应用型本科高校创业教育理念与方法的哲学思考［J］．国家教育行政学院学报，2013（10）：15-18．

［334］姚圣卓，王传涛，田洪森．应用型高校创新创业教育师资队伍建设的问题与路径［J］．教育与职业，2020（13）：69-74．

［335］叶正飞．地方应用型本科高校的内创业教育研究［J］．高等工程教育研究，2016（5）：53-56．

［336］尹伶伊，徐万发．威斯顿相互作用法实践教学应用例析［J］．中学政治教学参考，2022（36）：54-56．

［337］尹兆华，刘丽敏，王丽红．融入党史元素的"思创融合"课程化探索——以北京科技大学为例［J］．思想教育研究，2022（6）：145-148．

［338］尹照涵，黄建军．新时代思政课教师职业素养提升的逻辑理路［J］．学校党建与思想教育，2025（2）：37-40．

［339］游德升．劳动教育与思政教育协同育人研析［J］．中学政治教学参考，2023（43）：119-120．

［340］游峰，江学良，姚楚，等．基于工程教育专业认证的地方高校一流专业人才培养实践与对策［J］．数字印刷，2022（4）：131-137．

［341］于海．河北省创新创业教育师资队伍建设研究［J］．教育教学论坛，2022（5）：25-27．

［342］于美亚．高校学生思政教育与创新创业助力乡村发展研究［J］．核农学报，2021（6）：1497．

［343］于彦民，陈晓慧．高质量发展背景下地方应用型本科高校创业教育：偏失与匡正［J］．职业技术教育，2024（8）：76-79．

[344] 余江舟. 运用系统思维构建学校劳动教育工作机制[J]. 中国高等教育, 2022（7）：51-53.

[345] 余杰. 高校共青团工作机制创新研究[J]. 中山大学学报论丛, 2003（3）：112-116.

[346] 余潇潇, 刘源浩. 基于三螺旋的研究型大学创新创业教育模式探索与实践[J]. 清华大学教育研究, 2016（5）：111-115.

[347] 余杨, 李焱, 段庆昊. 工程科技领军人才情商培养的探索——以天津大学海洋与船舶工程专业教学改革为例[J]. 高等工程教育研究, 2020（2）：93-98.

[348] 岳利军, 沈禹颖, 乐祥鹏, 等. 构建科教企融合式实验教学模式的探究[J]. 实验室研究与探索, 2024（8）：161-164＋230.

[349] 岳鹏, 李红蕾. "互联网＋"背景下大学生创新创业教育的新模式探究[J]. 湖北开放职业学院学报, 2019（15）：7-8＋17.

[350] 岳新坡. 师范类专业认证背景下我国体育教育专业课程体系构建的问题与对策[J]. 北京体育大学学报, 2022（8）：96-105.

[351] 臧秀娟. 乡镇视阈下农村公共文化服务均等化评价体系构建研究[J]. 南昌工程学院学报, 2020（6）：113-118.

[352] 臧秀娟. 应用型本科高校"双师双能型"教师培养的绩效评价与路径构建[J]. 南昌工程学院学报, 2021（5）：109-113＋118.

[353] 张晨, 董晓君, 傅丽菡, 等. "互联网＋"创新创业背景下高校人才培养的思考[J]. 教育教学论坛, 2019（36）：214-216.

[354] 张成龙, 王悦. 创新创业教育视域下的德育拓新之路[J]. 中学政治教学参考, 2023（43）：37-39.

[355] 张春蕾, 韩红宇. 新文科背景下卓越新闻传播人才培养研究[J]. 传媒, 2024（19）：82-84.

[356] 张大良. 优化课程体系　加强课程建设[J]. 中国大学教

学，2018（12）：10-12+23.

[357] 张法清，陈小霞. 创新创业教育课程思政教学体系探索[J]. 中学政治教学参考，2021（4）：45-47.

[358] 张凤奕. 高校化工专业大学生创新培育中思政教育对策分析[J]. 材料保护，2020（9）：171-172.

[359] 张海燕，李向红，康冰心. 高职院校创新创业师资培养现状及精益发展模式构建[J]. 教育与职业，2020（19）：79-83.

[360] 张欢. 新时代高校创新创业教育生态体系优化的思考[J]. 思想理论教育，2019（11）：107-111.

[361] 张军. 高等教育数字化驱动高校人才培养改革研究[J]. 中国高等教育，2024（Z1）：19-23.

[362] 张坤. 红船精神何以融入思政课[J]. 中学政治教学参考，2021（23）：74-76.

[363] 张莉. 财务管理专业推进"课程思政"建设的策略[J]. 学校党建与思想教育，2019（18）：55-56.

[364] 张砾文. 基于新工科背景的高校创新创业教育策略——评《"创新创业＋课程思政"教育模式研究》[J]. 皮革科学与工程，2022（6）：110-111.

[365] 张凌凡，张边江. 打造八个一流体系 夯实一流本科教育[J]. 江苏高教，2023（7）：79-83.

[366] 张铭凯. 技术赋能高校课程思政：价值阐释、挑战研判与进路探寻[J]. 杭州师范大学学报（社会科学版），2022（6）：87-94.

[367] 张清华，岑世宏. 应用型本科创新创业教育的思考与探索——以郑州工业应用技术学院为例[J]. 中国高校科技，2016（Z1）：84-87.

[368] 张瑞，廖慧娇. 智能技术赋能课程思政效果增值评价：模型

设计与实施路径［J］．黑龙江高教研究，2024（12）：72-79．

［369］张婷，高峰，赵睿英，等．蕴含课程思政的自动化实验教学中心建设［J］．实验技术与管理，2022（3）：247-251．

［370］张小斌，吴小平．"课程思政"视域下高职"双创"学科建设的思考——以江西旅游商贸职业学院为例［J］．职教论坛，2019（11）：124-128．

［371］张小敏．寻求特色　服务社会：应用型本科高校的发展路径［J］．中国职业技术教育，2014（21）：90-93．

［372］张晓燕，陈万明．公益创业教育与高校思政教育模式探析［J］．高教探索，2016（6）：113-116．

［373］张筱茜，李晨．高职院校创新创业课程思政实践路径探索［J］．中国职业技术教育，2022（32）：45-51＋66．

［374］张新长，李少英，阮永俭．智慧城市课程思政：核心元素和实施策略［J］．测绘通报，2022（9）：158-161．

［375］张亚琼．思政教育视角下双创人才的培养［J］．山西财经大学学报，2022（S1）：96-98．

［376］张娅菲．大学生短信思想政治工作研究［D］．重庆：重庆师范大学，2007．

［377］张岩，李新纲，朱秋莲．产教融合视域下应用型高校"课程思政"建设的问题与策略［J］．教育与职业，2021（11）：77-82．

［378］张艳新，杨莼莼，岳华，等．基于人力资源管理视角的高校创新创业师资队伍建设研究［J］．高教学刊，2020（19）：41-43＋47．

［379］张逸闲，朱德玲．"废而又立"的第二学士学位教育发展审思——基于政策行动综合解释模型的探讨［J］．学术探索，2023（9）：143-150．

［380］张有声．从供给侧改革本科专业人才培养思路［J］．中国高等

教育，2016（1）：37-41.

[381] 张瑶，姜威. 劳动教育融入高校思想政治教育的协同育人路径研究[J]. 思想理论教育导刊，2021（6）：115-119.

[382] 张兆英，陈传宣，杨丽华. 基于微商的高职创业"课程思政"实施模式探究[J]. 职业技术教育，2019（32）：63-66.

[383] 张震，涂凯迪，严剑冰. 将公益创业教育融入高职思政教育[J]. 中国高等教育，2017（24）：28-29.

[384] 张政. 思想政治教育视域下深化高职院校创新创业教育改革研究[J]. 中国职业技术教育，2015（36）：78-81.

[385] 章金萍，陈亮. "互联网＋双创"背景下高职教师创业指导胜任力研究[J]. 现代教育管理，2017（11）：98-101.

[386] 章熙春. 以"双一流"建设为契机 加快形成高水平人才培养体系[J]. 中国高等教育，2018（11）：15-16.

[387] 赵枫，雍飞. 应用型本科高校大学生就业现状与创新实践——评《大学生就业指导与创新创业教育》[J]. 中国高校科技，2021（12）：105.

[388] 赵红梅，邓素芳，杨艳君，等. 干旱胁迫对藜麦幼苗组织解剖结构和生理特性的影响[J]. 核农学报，2021（6）：1476-1483.

[389] 赵红妍，王欣. 新时期高校思想政治教育与创新创业教育的理论与实践双重育人研究[J]. 食品研究与开发，2022（7）：237-238.

[390] 赵慧君，郑瑾，陈守辉，等. 疫情下创新与创业训练课程线上教学策略与实践[J]. 包装工程，2020（S1）：124-126.

[391] 赵军，杨克岩. "互联网＋"环境下创新创业信息平台构建研究——以大学生创新创业教育为例[J]. 情报科学，2016（5）：59-63.

[392] 赵丽娜，才晓茹. 医教协同视角下医学专科院校职业文化建

设实践探索——以沧州医学高等专科学校为例［J］．中国职业技术教育，2018（22）：93-96．

［393］赵亮，卢佳，邵海亚．促进创新创业教育与思想政治教育的融合［J］．学海，2019（6）：202-206．

［394］赵亮．"互联网＋"时代应用型本科高校"双创"教育绩效评价——以江西省高校为例［J］．创新与创业教育，2019（5）：21-30．

［395］赵亮，臧秀娟，张群．"互联网＋"视域下高校"双创"师资培养成效的评价设计——以南昌工程学院为例［J］．顺德职业技术学院学报，2023（1）：1-9．

［396］赵亮．跨境电商创新创业人才培养条件评价——应用型本科院校外贸类专业为例［J］．南昌工程学院学报，2019（5）：100-108．

［397］赵美岚．"微时代"高职院校思政课的危机审视与创新发展［J］．职教论坛，2017（26）：19-23．

［398］赵奇，郭运宏，杨玉珍，等．蔗糖浸种缓解玉米幼苗铜胁迫及其生理指标的灰色关联分析［J］．核农学报，2021（3）：753-759．

［399］赵茜．"五育"并举导向的高校创新创业教育课程体系研究［J］．南京理工大学学报（社会科学版），2023（4）：113-118．

［400］赵盛国．和谐校园中思想政治工作平台的开发［J］．四川理工学院学报（哲学社会科学版），2011（4）：123-125．

［401］赵威．现代师徒制视角下高校创新创业教育探析［J］．创新创业理论研究与实践，2022（3）：97-99．

［402］赵薇．高职院校校企协同创新创业教育师资队伍评价模型构建与分析［J］．高教学刊，2019（24）：19-22．

［403］赵伟，张克勤，董召勤．"一站式"学生社区综合管理模式下高校双创教育研究［J］．学校党建与思想教育，2023（3）：87-89．

［404］赵曦．大学生思想政治教育与创新创业教育协同就业育人策

略研究[J].长沙航空职业技术学院学报,2024(4):72-74+93.

[405] 赵霞,刘水云."双一流"建设从培养"一流师资队伍"做起——基于国外高校教师绩效评价的影响研究[J].山东高等教育,2018(3):17-26.

[406] 赵玉瑜,朱国芬.课程思政的三种形态、实践原则与建设路径[J].思想政治教育研究,2025(1):154-160.

[407] 赵增彦.高校思想政治理论课实践教学的现状、难点及对策分析[J].思想理论教育导刊,2013(9):90-93.

[408] 赵紫妤,周玲.基于创新创业教育理念的高等院校师资队伍建设[J].湖北第二师范学院学报,2016(5):90-93.

[409] 郑方亮,付琳,王翔宇,等.真实问题导向下生物技术专业创新应用型人才培养模式改革与实践[J].微生物学杂志,2023(5):122-128.

[410] 郑庚,周军梅.创新创业教育与思想政治教育的深度融合研究[J].广东轻工职业技术学院学报,2023(5):33-37+49.

[411] 郑建辉.广东自由贸易区跨境电子商务发展模式及策略分析[J].商业经济研究,2016(13):100-101.

[412] 郑义,朱其志,王明珠."三全育人"视域下农业高职院校"三农情怀"培育的实践探索——以江苏农牧科技职业学院为例[J].中国职业技术教育,2021(5):87-92.

[413] 郑义,朱其志,王明珠.农业高职院校德技并修育人路径探索[J].中国职业技术教育,2022(36):92-96.

[414] 郑洲.铸牢中华民族共同体意识视域下民族院校课程思政建设[J].民族学刊,2022(7):33-40+141.

[415] 钟元生,张玉玲,涂云钊.科创意识融入双创课程的课程思政模式研究[J].现代教育技术,2023(2):119-126.

[416] 周纯杰，何顶新，张耀，等．新工科背景下自动化专业实践课程思政的设计与实施［J］．高等工程教育研究，2022（4）：31-37．

[417] 周蒋浒，梅纪萍．对新时代劳模精神融入高职院校思想政治教育的思考［J］．教育与职业，2019（21）：89-92．

[418] 周杰，李建荣，张娟．创新创业教育视角下高职院校师资队伍建设路径构建［J］．重庆电力高等专科学校学报，2021（1）：51-54．

[419] 周丽妤．论思政教育与"双创"教育协同育人［J］．中学政治教学参考，2022（28）：109．

[420] 周利娟．新文科背景下思政课教师核心素养培养论析［J］．中学政治教学参考，2023（35）：74-76．

[421] 周淼，孙晓枫，籍亚玲．新工科视阈下的素质教育与创新创业融合实践教学体系构建［J］．包装工程，2022（S1）：323-326＋340．

[422] 周雪梅，王国忠．论高职院校师生共育的大思政育人模式［J］．教育与职业，2016（22）：68-70．

[423] 周媛，周庆，高睿．试析实践类课程开展课程思政建设的"三个抓手"——基于环境类创新创业课程的实践［J］．学校党建与思想教育，2023（1）：80-82．

[424] 周赟，徐玉生．新工科背景下高校思政课育人体系建设的三重逻辑［J］．教育理论与实践，2021（21）：28-32．

[425] 朱红，张优良．北京高校创业教育对本专科生创业意向的影响机制——基于学生参与视角的实证分析［J］．清华大学教育研究，2014（6）：100-107．

[426] 朱倩渝．粤港澳大湾区背景下高校创新创业师资队伍建设路径探究［J］．创新创业理论研究与实践，2020（14）：95-98．

[427] 朱强，谢丽萍，朱阳生．财务管理专业"课程思政"的理论认识与实践路径［J］．学校党建与思想教育，2019（6）：67-70．

[428] 朱亚宾，朱庆峰，王耀彬. 德行与德性：思政工作贯穿创业教育全过程的两个维度［J］. 黑龙江高教研究，2018（10）：146-150.

[429] 朱宗新. 基于创新创业教育与高校思政教育融合的学生就业渠道拓宽的策略与方法［J］. 就业与保障，2024（11）：127-129.

[430] 邹建良. 探索大学生创新创业教育途径［J］. 中国高等教育，2015（5）：56-58.

[431] 邹太龙，戚冠辉. 全媒体时代思政课教师话语权的内涵嬗变、现实挑战与重构路径［J］. 民族教育研究，2024（1）：99-106.

2